ちくま文庫

大本営発表という虚構

保阪正康

筑摩書房

目次

大本営発表という虚構

はじめに

「大本営発表」という活字、「ダイホンエイハッピョウ」という音声になじんだ世代は確実にこの社会から減っている。そのことは「戦争」を肌で知る世代が少なくなり、あの国民的体験を記録と伝承のなかで語る時代に入ったということだ。

その結果、「大本営発表」という文字やその音声は現代社会にあっては、権力による虚偽、誇張、隠蔽《いんぺい》の比喩として用いられることになった。都合のいいことのみ発表し、都合のわるいことはすべて隠してしまうという意味である。

たとえば、二〇〇四年一月九日に政府は陸上自衛隊の先遣隊と航空自衛隊の本隊にイラクへの派遣命令を出したが、その折りに当時の石破茂防衛庁長官は派遣される自衛隊の現地取材について、メディアに対して取材自粛の要請を行った。「部隊の安全確保が目的」との理由によってである。この要請にメディア側は一斉に反撥《はんぱつ》、識者のコメントとして、「ホームページの情報提供と東京で記者にブリーフィングをする代わりに現地での取材を自粛してほしい、という防衛庁の姿勢は、かつての大本営発表と変わらない」との見方や「大本営発表に戻ったな、と感じる。発表することだけ書け、余計なことは書くな、ということか」といった発言を紹介している。「かつての大本営発表と変わらない」と生半可な表現で、言論規制を批判するとの姿勢といっていいだろう。

メディア自身も、「政府は国民に正確な情報を伝えようとはせず、すべて大本営発表として情報をコントロールするつもりではないか」との批判を展開した。

この大本営発表という語は、これまで新聞や雑誌の見出しなどでしばしば用いられてきた。とくに二〇〇四年以後は使用頻度もあがってきている。前述のように、いずれも隠蔽や虚偽の代名詞として使われ、そこには官製報道への批判といった視点が含まれている。ただ私から見るといささか安直な使われ方がされているようにも思う。たしかに小泉内閣以後に政府主導、あるいはいささか偏ったキャンペーンが始まっている。

小泉、安倍内閣の靖国問題や憲法改正問題などを見ていくと、巧みに政府主導の情報を流す大本営発表型になっているようにさえ思うのだ。

では、大本営発表とは正確にいうとどのような発表内容を指すのか。それはいつの時代、誰がどのようにして発表したのか。そのような具体的な史実についてはさほど説明されていない。つまりこの文字や音は、〝いいかげんな責任逃れの情報発信〟という枠内でのみ、ひとり歩きしているのである。きわめて便宜的に用いられているといってもいいであろう。

しかしこういう捉え方だけでは大本営発表そのものを正確に理解しているとはいい難い。むしろこの文字や音の持つ〝真の怖さ〟を避けようとしているといってもいいのではないかと思う。実はこの文字や音は、ある時代には権力そのものであり、国民ひとりひとりがこれに踊らされ、そのあげくにこの国が解体寸前にまで追いこまれたという史実を理解しておかなければならない。国民が情報のまったく途絶された空間に押しこまれて、そこに一方的に意図的な情報のみが流されたらどのようになるのか、という教訓も学ばなければならない。特定の情報のみを信じなければ罰せられるという歪《ゆが》んだ時代、この文字やこの音にはその不気味さがひそんでいることもまた知っておかなければならない。

大本営発表をあえて定義づけるなら、「太平洋戦争の期間、陸軍・海軍の統帥機関である大本営が国民に向けて発表した戦況報告」といっていいであろう。太平洋戦争は国家総力戦といわれるが、国民をこの戦争に駆りたてるための煽動《せんどう》というい方をしてもいい。軍事指導者たちの無責任な戦争指導を代弁する語である。しかしこれだけの解釈でいいわけはない。大本営発表という語を通して、昭和前期、あるいは昭和十年代の報道がどういう状況にあったかを知らなければならないし、ジャーナリズムの側がどういう状況にあったのか、ジャーナリストの側にも自省が必要ではなかったか、といった視点は忘れるべきではない。大本営発表という偽りの戦果を報道したジャーナリズムの側の責任はどうあるべきかもあわせて問われなければならない。

つまり幅広い目をもたなければ、大本営発表の真の怖さはわかってこないということであった。そこで初めに「大本営発表」の全体図を明かしておくことにしたい。

昭和十六年十二月八日から昭和二十年九月二日の降伏文書への調印の日まで、太平洋戦争は三年九カ月（四十五カ月間）ほど続いているが、大本営発表はこの間に八百四十六回（八百四十七回とする説もある）行われている。一カ月に平均すると一八・八回ということになり、ほぼ二日に一回の割合であった。平均だけみると、大本営という軍事組織は国民に熱心に情報を伝えたかに見える。第一回は、よく知られているように、昭和十六年十二月八日午前六時の発表である。これは次のような内容だ。

大本営陸海軍部発表（昭和十六年十二月八日午前六時）

帝国陸海軍は今八日未明西太平洋において米英軍と戦闘状態に入れり

日本が中国への軍事攻撃を始めて三年五カ月、中国を制圧できないことに苛立ち、中国を支持する米英との間に戦端を開くとの意思を内外に宣明した。それがこの第一回目の発表である。これはよく知られているが、ところが最後はどうなったかはほとんど知られていない。最後の大本営発表（第八百四十六回）は、昭和二十年八月二十六日午前十一時に行われている。その内容は以下のようになる。

本八月二十六日以降実施予定の連合国軍隊第一次進駐日程中連合国艦隊相模湾入港以外は夫々《それぞれ》四十八時間延期せられたり

アメリカを中心とする連合国が、ポツダム宣言に基づいて日本に進駐してくることになっているが、その進駐が予定よりも遅れるとの情報を国民に伝えたのだ。第一回目と比べると、その意味するところはまったく異なっていることがわかる。戦争の始まりは国民に伝えているが、その終わりは国民に伝えたのだろうかとの疑問がわいてくる。

第一回目と第八百四十六回目の発表の間に、どのような内容が国民に伝えられたのか、それを本書で明かしていくことにするが、一言でいうなら、大本営発表の文面、そこで用いられている表現が、戦況の変化によって少しずつ変わっている、ということである。戦況が良好なときは、それこそ国民に戦果を何度も伝え、得意げに軍艦マーチを電波に乗せながら国民の精神を鼓舞していく。新聞の紙面では、破竹の勢いの日本軍を自賛し続ける。このときは事実が忠実に伝えられてもいる。ところがひとたび戦況が悪化してくると、虚偽や誇張が増え、それさえ通じなくなると発表それ自体をやめてしまう。沈黙してしまうのだ。正直といえば正直である。

実は、この正直さは三年九カ月の間の発表回数の変遷によくあらわれている。八百四十六回の内訳を見ると、昭和十六年十二月だけで八十八回に及んでいる。全体の実に一割強になる。昭和十七年は一年間で二百五十二回、昭和十八年は百七十四回、昭和十九年は二百十八回である。昭和二十年は八月二十六日までの八カ月間に百十四回行われているが、戦況がよりいっそう悪化し、本土爆撃が日常的になってからは、六月に三回、七月に二回と極端なまでに減ってしまう。前述のように平均すると二日に一回の割合になると書いたが、それは戦況のいいときは一日に十回近くも報じていたからである。

昭和二十年八月に入ると十三回を数える。だが戦況報告という、いわば本来の大本営発表は八月十四日で終わっている。この日の発表が八月に入って七回目である。それは次のような内容であった。

我航空部隊は八月十三日午後鹿島灘東方二十五浬《カイリ》に於て航空母艦四隻を基幹とする敵機動部隊の一群を捕捉攻撃し航空母艦及巡洋艦各一隻を大破炎上せしめたり

第一回と比較すると、あまりにも無味乾燥である。戦闘の実態を国民に伝えていない。戦局がどのように推移しているかなど、この発表からはすこしも浮かんでこないのだ。

つまり大本営発表では、開戦こそ国民に華々しく伝えられたが、その終結はまったく伝えられていないのだ。八月十五日には一切の発表がなかったのである。十四日に実態不明の戦闘報告を行ったあとは、十五日から二十一日まではなんの発表もない。国民に戦争が終わったことも、大本営がどのような形でこの状況を受け止めたかなど一切の発表がない。国民を愚弄しているこの無責任さにこそ、大本営発表の本質があるというべきであった。

当時の知識人は、この大本営発表をどのように受け止めていたか。それは彼らがのこした日記を丹念に読んでいくことで明らかになる。外交評論家として知られていた清沢洌《きよさわきよし》は、戦時下では沈黙する側にいたのだが、彼の戦時下での日記（『暗黒日記』）を読むと、大本営発表を信用していない表現がいくつも目につく。たとえば、昭和十八年七月十四日のソロモン群島における海戦の発表について、当日の日記には、その内容、表現などへの不信感が率直にあらわれている。

「（ソロモン群島の情報発表には）最大級形容詞が流行する。『至妙至巧な我水雷戦』とか、『古今独歩の大戦闘』とか。西南太平洋の戦争は、決して左様なものではない。前哨戦だ。局部のみしか分らない証拠。（以下略）」

事実を隠すために、さかんに形容詞を用いて現実に目がいかないようにしていると、清沢は指摘している。戦争が進むにつれ、国民が大本営発表を信じなくなるのは、使われる表現や用語が少しずつ変わっていくためだが、清沢のような知識人は昭和十八年七月の段階ですでにまったく信用していないことが窺《うかが》えるのだ。

大本営発表には、あの戦争の性格や意味、それに当時の日本社会の戦争観や文明観の歪みが率直に反映しているとみるべきである。月並みに虚偽、誇張、隠蔽というだけでは、その本質は理解できない。むしろ矮小化《わいしょうか》してしまうことになりかねないのである。戦時の発表は秘密性が伴うから「大本営発表」は仕方がなかったなどといった論があるが、それはあまりにも卑俗的である。秘密性を伴ったそのときには発表を抑えていて、その秘密性が薄れたら発表すべきなのである。

日本の軍事指導層はどのようにして大本営発表が描く〝虚の世界〟に入りこんでいったか、その実態をつぶさに検証していくと、彼らは客観的な事実を見つめて表現するという能力に著しく欠けていたことがわかる。それだけではない。その能力を身につけるだけの教養や勇気も持ちあわせていなかった、と考えざるをえないのである。

かつて私たちの国の指導者が、いかにして嘘をつき責任逃れをしたか、言論人はいかに協力したか、そのことを歴史上の教訓として改めて学んでおきたいと思う。本書が意図しているのはそのことである。

第一章　大本営発表の開始

第一回目の衝撃

大本営発表という音声が初めて国民の耳に入ったのは、昭和十六年十二月八日の午前七時すこし前である。もっともこのときは、「大本営陸海軍部発表」といったのだが、この音声を発した日本放送協会のアナウンサー・館野守男によると、午前七時の定時ニュースを読む準備を終えたときに、突然スタジオに駆けこんできた報道局のスタッフから、「こっちを先に読んでくれ」と一枚の文書を手渡されたという。

館野は、臨時ニュースのチャイムを叩いてその文書を読みあげた。充分な下読みもせずに、

「大本営陸海軍部十二月八日午前六時発表。帝国陸海軍は今八日未明、西太平洋において米英軍と戦闘状態に入れり」

と読んでいき、その意味するところを理解して、初めてこれが歴史的な放送であることに気がついた。これは館野からの直話なのだが、「そこは職業意識のためもあっ

て、淡々と読んだ。興奮したらプロとはいえませんからね」と回顧していた（平成三年）。その後、開戦に至る経緯について取材記者から渡された原稿を読みあげていき、午前八時過ぎにすべてを読み終えた。

そのあとで、第一回のこの発表を録音盤にのこすことになり、もういちどマイクロホンに向かった。現在、第一回の発表として伝えられる放送内容はこの録音盤なのだが、館野にいわせると実際にはあのようにどなりあげるようには読んでいなかったというのだ。ただ開戦後は、大本営陸海軍報道部から「なるべく勇ましく読め」と、戦意昂揚の一端を担うよう命じられたとも打ち明けた。

この第一回発表は、国民の多くにとって寝耳に水であった。この日、午前六時すぎに大本営陸海軍報道部から各新聞社に呼びだしがかかり、各社の記者は三宅坂の参謀本部の一室に集まった。記者のなかでも、この日から対米英戦に入ると知っていた者はほとんどいない。彼らの前に、大本営陸軍報道部長の大平秀雄と大本営海軍報道部の田代格が並び、大平が第一回の大本営発表を読みあげた。このときにこの発表を聞いた記者によると、記者たちの間に歓声があがり、すぐに原稿を書き始める者、本社に連絡するため電話にとびつき震える声でこの発表文を読みあげる者、フラッシュを焚《た》くカメラマンなどで、部屋は異様な空間になったというのである。

このころには各家庭に新聞が配達されている。だが、開戦にいきつくまでのプロセスは、国家の最大の機密であり、加えて当時の新聞は検閲下にあったために情報の深い部分は報じられていない。新聞にはまだ大本営発表という活字はなく、国民が視覚からこの語に接するのはこの日の夕刊からであった（当時の夕刊は翌日の日付で発行されていたので、九日付の夕刊である）。

ある新聞には、この第一回目の発表を聞いたときの記者の感想について、

「ああこの一瞬、戦わんかな時至。永久に忘れ得ぬこの名句、その長さは僅か三十字の短文であるが、正に敵性国家群の心臓部にドカンと叩きつけた切札である」

と書かれていた。

諦《あきら》め、熱狂、無関心

第一回の発表を聞いた国民の多くの反応は、驚き、不安といった感情が中心だった。同時に、日本はこのような道を歩む以外になかったのだとの諦観《ていかん》を抱く知識人もいた。作家の伊藤整は、「十二月八日の記録」のなかで、

「私は急激な感動の中で、妙に静かに、ああこれでいい、これで大丈夫だ、もう決まったのだ、と安堵の念の湧くのをも覚えた」

讀賣新聞

暴戻米英に對して宣戰布告

畏し大詔渙發

詔書

グアム島わが包圍下 猛火に包まる

今朝來香港猛爆敢行

上海在港英艦撃沈

獨伊對米宣戰布告せん

西太平洋全面に亙り果敢なる電撃戰展開

海鷲ホノルル大爆撃

マレー半島に奇襲上陸

シンガポールも爆撃

泰國侵入の英軍を撃破

南方〇〇方面進撃中のわが陸軍先鋒部隊

正に此の一戰にあり

帝國の隆替、東亞の興廢

臨時議會召集

防空實施下令

昭和16年12月９日付「讀賣新聞」夕刊一面

と書いている。

天皇の側近である内大臣木戸幸一の日記(『木戸幸一日記』)には、「国運ヲ賭シテノ戦争ニ入ルニアタリテモオソレナガラ御上ノ御態度ハマコトニ自若トシテイササカノ御動揺ヲ拝セザリシハマコトニアリガタキキハミナリキ」とある。

十二月八日は月曜日であったが、会社も工場も、そして学校もこの臨時ニュースの熱狂を帯びて始まった。社長、工場長、校長らが朝礼の席で、大本営発表を歴史的なことだと言い、檄《げき》をとばした。午前九時をすぎると、宮城《きゆうじよう》前には庶民が集まり、跪《ひざまず》き、しきりに頭を下げる光景があった。聖戦必勝を祈る姿である。昼すぎには高校生や大学生の一団が校旗を押したてて宮城前に駆けつけた。「万歳」を叫ぶグループもまたあった。

東京帝大医学部の学生だった加藤周一は、自伝風回想録の『羊の歌』のなかで、号外を手にした学生が、仲間たちに対米英戦開戦の記事を読みあげる光景について次のように書いている。

「私たちの間には、一種のざわめきが波のように拡った。誰かが何かをいったというのではなく、いわば言葉にならぬ反応が集っておのずから一つの溜息のようなものになったのであろう。私たちは、そのとき太平洋戦争という事実と、向き合っていた」

そして、周囲のものが突然見たこともない風景に変わるのを感じたという。

だが医学部では、いつもと同じように授業が行われ、教授たちは大本営発表やその内容を伝える号外にまったくふれようとせずに平然と講義をつづけたともいうのだ。

十二月八日午前六時の最初の大本営発表によって、以上のような光景が描かれた。こうして、大本営発表という文字、そして音声が、歴史の扉を開ける役割を果たし、人びとはそれを暗黙のうちに理解していたと指摘できるであろう。


「からだが透明になるような感じ」


この日一日で、大本営発表は十回行われた。戦争指導の中心にいた大本営の幕僚たちは、この十回の戦果報告を、国民の戦意昂揚と聖戦意識を高めるために、ある意味で見事な演出のもとに行った。彼らはまるで国民の心理を読むように計算しつくしていたのである。真珠湾奇襲の際の軍事的な意外性を誇るようなところもあった。

以下に第二回から第十回までの発表の全文を紹介しておくことにする。大本営発表のもつ本質を分析するにあたって、この十回の発表文のなかにすでにいくつかの特徴が含まれていることがわかるからだ（引用は『大東亜戦争年史（第一年）』大東亜戦争年史編纂室より。新字体に改めた）。

第二回　大本営陸軍部発表（八日午前十時四十分）我軍は本八日未明戦闘状態に入るや機を失せず香港の攻撃を開始せり

第三回　大本営陸海軍部発表（八日午前十一時五十分）我軍は陸海緊密なる協力の下に本八日早朝マレー半島方面の奇襲上陸作戦を敢行し着々戦果を拡張中なり

第四回　大本営海軍部発表（八日午後一時）

一、帝国海軍は本八日未明ハワイ方面の米国艦隊並《ならび》に航空兵力に対し決死的大空襲を敢行せり

二、帝国海軍は本八日未明上海に於て英砲艦ペトレルを撃沈せり、米砲艦ウエイキは同時刻我に降伏せり

三、帝国海軍は本八日未明新嘉波《シンガポール》を爆撃し大なる戦果を収めたり

四、帝国海軍は本八日早朝ダバオ、ウエーキ、グアムの敵軍事施設を爆撃せり

第五回　大本営陸海軍部発表（八日午後一時五十分）本日必要の区域に防空の実施を下令せられたり

第六回　大本営陸軍部発表（八日午後五時）我が陸軍飛行隊は本八日早朝来、比島

方面要衝に対し大挙空襲し甚大なる損害を与《あた》へたり
第七回　大本営陸軍部発表（八日午後五時）南支方面帝国陸軍飛行隊は八日早朝香港北方の敵飛行場を急襲し、同飛行場にありし十四機中十二機に低空銃撃を加へこれを炎上せしめたり、我に損害なし
第八回　大本営海軍部発表（八日午後八時四十五分）
一、本八日早朝帝国海軍航空部隊により決行せられたるハワイ空襲において現在までに判明せる戦果左の如し。戦艦二隻撃沈、戦艦四隻大破、大型巡洋艦約四隻大破、以上確実、他に敵飛行機多数を撃墜撃破せり、わが飛行機の損害は軽微なり
二、わが潜水艦はホノルル沖において航空母艦一隻を撃沈させるものの如きもまだ確実ならず
三、本八日早朝グアム島空襲において軍艦ペンギンを撃沈せり
四、本日敵国商船を捕獲せるもの数隻
五、本日全作戦において我艦艇損害なし
第九回　大本営陸海軍部発表（八日午後九時）帝国陸海軍は緊密なる協同のもとに本八日午後泰《タイ》国に友好的に進駐を開始せり

第十回　大本営陸海軍部発表（八日午後九時）帝国陸海軍航空部隊は本八日緊密なる協力のもとに比島敵航空兵力ならびに主要飛行場を急襲し、イバにおいて四十機、クラーク・フィールドにおいて五十乃至《ないし》六十機を撃墜せり、わが方の損害二機

以上の発表がラジオから次々と伝えられたのである。これに加えて、午後三時には陸海軍部発表として、「本日陸海軍大臣を召させられ、左の勅語を賜《たまわ》りたり」と、天皇から陸海軍に伝達されたその内容が国民に告げられた。午後二時二十分に発表になった帝国政府声明は、大本営発表の合い間にラジオを通して国民に告げられた。この全文は五千字近くに及び、国民にはこれによって初めて太平洋戦争にいきつくまでの日米外交交渉の経緯がくわしく知らされたのである。

そして、「八日午後八時二十分」には、「情報局発表」として、「日本軍の泰国内通過に対する泰国側の便宜供与に関し本八日午後零時三十分日泰間の交渉成立せり」と発表になった。中立国タイに、その領土内を通過させるよう迫り認めさせたというのである。

もし私たちが、この日に身を置いていたならと想像してみよう。これだけのニュースを次々に知らされ興奮したに違いない。なにしろ国民はそれまで対米英戦に踏みき

ることなどまったく知らされていなかったのである。作家の太宰治が、第一回の大本営発表を聞いているうちに、

「私の人間は変わってしまった。強い光線を受けて、からだが透明になるような感じ」

になり、

「日本も、けさから、ちがう日本になったのだ」

といみじくも表現したが、それがあたっているように思う。

こうした大本営発表は、軍事指導の中枢である参謀本部の幕僚たちにも新たな興奮を与えた。参謀次長に直結する大本営陸軍部戦争指導班の幕僚たちの部内日誌（『機密戦争日誌』）には、この日の感想として次のような一節が書かれている。

「戦争第一日ヲ送ルニ方《あた》リ作戦ノ急襲ト言ヒ全国民戦意ノ昂揚ト言ヒ理想的戦争発起ノ成功セルヲ確認シ戦争指導班トシテ感激感謝ノ念尽キサルモノアリ
然《しか》レトモ戦争ノ終末ヲ如何ニ求ムヘキヤ是《これ》本戦争最大ノ難事　神人一如ノ境地ニ於テ始メテ之カ完《まった》キヲ得ヘキ哉」

国民にむけて対米英戦を伝え、あわせて戦果をここまで挙げて報告したのだから、自分たちに課せられた責務は大きいと自省しているのである。とくに戦争をどこで終

わらせるかということこそが重要な鍵になっているともいうのであった。この自省や自戒そのものは重要な意味をもっていたが、しかし戦況が進むにつれ自省も自戒も大本営の幕僚は失っていったのである。

五つの特徴

八百四十六回の大本営発表を分析していくときに、この開戦の日の内容は多くのことを示唆している。一日に十回の発表というのはこの日だけで、ここには大本営発表の本質が隠されているのだ。虚心に十回の発表文に目を通したときになにがわかるのか、それをまずは箇条書き風に整理してみることにしよう。以下のようなことがすぐに目につく。

(1) 大本営発表という語は用いられてなく、大本営陸海軍部発表、大本営陸軍部発表、そして大本営海軍部発表の三本立てになっている。

(2) 対米英戦に突入することによって、日本軍は香港、マレー方面、ハワイ、グアム・ウェーキ、フィリピンの五地域に攻撃をかけるか進駐している。

(3) 発表文は必要なことのみの短文で終わっている。

（4）相手方の損害についてきわめて正確に伝える一方で、第八回発表にみられるように「まだ確実ならず」と不正確な場合はそれを明記している。
（5）主語が明確である。たとえば、「我が陸軍飛行部隊は」という具合に主語に修飾語がついていない。

この五点がまずは特徴として挙げられる。そのうえで指摘できるのは、事実を見る目が冷静で説得力を持っているということだ。その姿勢には国民にできるだけ正確な情報を与えて、戦争への協力態勢をとってもらおうとの強い意思が感じられる。つけ加えておけば、大本営発表がこの五点を最終段階まで貫いていたなら、大本営発表という文字、そしてその音声に、謙虚、誠実、それに冷静といった評価が後年与えられることになっただろう。たとえ戦争に敗れたとしても、この評価は日本人のもつ良質な国民性として後世には認められたに違いない。

大本営発表という文字や音声のもつイメージが、逆転して語られるようになるのは、つまりは初日の発表にはあった五点の特徴が歪んでいったためである。この歪みをもう少し別な視点で語るなら、本来私たちの国は冷静さや誠実さをもっているのに、現実が苦しくなると、それを認めたくない、認めるのは辛いということで言い逃れをし、嘘をつき、そのあげくに大局を見失うということになる。

それこそが大きな教訓になっている。

「抜刀隊」より「軍艦マーチ」

この八日に続いて、十二月九日にも八回にわたって大本営発表が行われている。ハワイの真珠湾奇襲攻撃が成功したとの報を皮切りに、五つの地域でいずれも戦況は良好だという内容の発表である。

前日の大本営発表の最終回は午後九時であったが、同じころ東京市会（現在の都議会）が開かれ、市長の大久保留次郎が登壇、宣戦布告が発せられたことに感謝する決議案を提出した。そこには「聖慮深遠洵《まこと》ニ恐懼《きょうく》感激ノ至ニ堪ヘズ」という一節があるように、ひたすら天皇や大本営への謝辞が述べられており、市会議員の全員起立でこれは可決された。さらにこの日から灯火管制規則第四条により、警視庁からは「光を秘《ひ》匿《とく》すべし」という命令が出された。東京市内では広告、看板、装飾塔、門灯、屋外灯がすべて消され、家のなかでも電灯の笠に黒い布をかぶせることが強制されたのである。

こうした空気のなかで、陸軍報道部が行う大本営発表には「われは官軍、わが敵は……」という「抜刀隊」のメロディーが流され、海軍報道部の発表では「軍艦マーチ」が流された。

九日で注目すべきは、午前零時に政府発表として、内閣賞勲局と陸軍省が「支那事変生存者第二一回論功行賞、死没者第四四回論功行賞」を発表して、中国との戦闘で武勲をたてた三百五十七人、ほかに武功抜群を嘉《よみ》せられた者などおよそ三千人近い将兵に金鵄《きんし》勲章を授与していることだ。これには国民の士気を鼓舞する狙いがあった。このように大本営発表に前後するかたちで、政府、内閣情報局、それに防衛総司令部によって戦況とは関係ない発表も相次いだが、それはすべて大本営発表を権威づけるために利用されたのである。

この九日の発表は、日本軍の各地域での戦果をより具体的に伝えている。たとえば、この日の三回目の「大本営海軍部発表（九日午前十時四十分）」は次のような内容である。

一、昨八日帝国海軍〇〇航空部隊の比島敵空軍基地イバ及びクラーク・フィールド
　空襲の綜合戦果詳報左の如し
　撃墜二十五機（内大型一機）銃、爆撃による地上撃破七十一機（内大型中型三

十三機）なお我方の損害五機

二、昨八日未明帝国海軍〇〇航空部隊はシンガポール附近テンガー、セレタ両空軍基地及び空軍司令部その他重要軍事施設に対し夜間爆撃を敢行せり、戦果は大なりと認むるも夜間爆撃のため明確ならず、当時敵の反撃極めて大なりしも我方損害なし

この発表文はきわめて正確であった。海軍報道部は実にこまかく発表している。「帝国海軍〇〇航空部隊」という表現を使って、部隊名を防諜の意味で伏せたことも窺える。さらに「戦果は大なりと認むるも夜間爆撃のため明確ならず、当時敵の反撃極めて大なりしも我方損害なし」という一節が示しているように、戦果についても謙虚に発表している。

「明確ならず」といった表現は、戦果が良好だった昭和十六年十二月から昭和十七年二月までの時期にしか使われていないのだが、ここから大本営海軍部の参謀たちにまだ余裕があったことが見てとれる。

この日の大本営発表は、陸軍部より海軍部のほうがはるかに目に見える戦果をあげているために、国民にとっては「抜刀隊」よりも「軍艦マーチ」の印象のほうが強か

った。当時十二歳で後に作家として知られる岡野薫子の著書『太平洋戦争下の学校生活』には、

「ラジオはニュースの度に軍艦マーチの前奏を鳴らし、〝皇軍大勝利〟のニュースを伝えた。私たちは、ただ、ラジオや新聞の報道する連戦連勝の戦果に酔っていた」

とある。この記述に従えば、少女にも大本営発表と「軍艦マーチ」は抜きがたく結びついていたことになる。

こうした戦果について、徳川夢声の日記（『夢声戦争日記』）には、次のようにある。十二月九日の記述である。

「いつになく早く床を離れ、新聞を片はしから読む。米国の戦艦二隻撃沈。四隻大破。大型巡洋艦四隻大破。航空母艦一隻撃沈。あんまり物凄い戦果であるのでピッタリ来ない。日本海軍は魔法を使ったとしか思えない。いくら万歳を叫んでも追っつかない。万歳なんて言葉では物足りない」

この感情は、当時の日本の庶民に共通のものであっただろう。大日本帝国はいかにすぐれた軍事力を持っているか、米英何するものぞ、という感情を沸騰させていたのである。大本営発表を伝える側にとってまさに計算どおりの構図ができあがっていたことになる。

弁舌巧みな海軍報道部員

十二月十日には十回、そして十一日には八回、大本営発表が行われる。その後、十二日に五回、以後は三回、四回、そして一回とばらつきがあるが、いずれにしても八日から十一日までの四日間で三十六回もの発表が行われ、緒戦の戦果はつぶさに国民に知らされた。つけ加えておけば、十日には「情報局発表」として、「今次の対米英戦は、支那事変を含め大東亜戦争と呼称す」という発表があり、戦争地域は大東亜のみに限定するにあらずとの説明も行われている。

四日間の発表回数は、八百四十六回のうちの四％を占め、昭和十六年十二月の回数八十八回のうちでは、実に四一％を占めていることになる。また、この最初の四日間に限れば、比較的正確に、そして真摯《しんし》に国民に情報を伝えていた。しかし同時に、いくつかのほころびも見せていた。そして、そのほころびがいつか拡大していくだろうとの予兆もまたかかえこんでいたといっていい。

予想されるほころびのひとつは、たとえば十二月九日の発表をとりだしてみるとよくわかる。その発表時間と発表機関の名称を並べてみると奇妙なことに気がつく。

第十一回（大本営海軍部発表・九日午前九時）／第十二回（大本営陸軍部発表・九日午前十時三十分）／第十三回（大本営海軍部発表・九日午前十時四十分）／第十四

回（大本営海軍部発表・九日午前十時五十分）／第十五回（大本営陸軍部発表・九日午前十一時）／第十六回（大本営海軍部発表・九日午後三時）／第十七回（大本営海軍部発表・九日午後三時十分）／第十八回（大本営陸軍部発表・九日午後十時）

海軍部発表が五回、陸軍部発表が三回、両者がまるで競うように発表している。たとえば、午前十時半に陸軍部の発表があると、十時四十分、十時五十分とたてつづけに海軍部が発表を行っている。「抜刀隊」のおごそかなメロディーが鳴ると、すぐに「軍艦マーチ」がそれに呼応するという有様だ。これは九日に限ったことではなく、八日や十日、十一日もまた同様である。

大本営発表のほとんどは陸軍省で行われるのが慣例となったが、記者倶楽部に連絡するのは陸軍報道部の将校の担当だった。つまり発表に至るまでは、陸軍側が音頭をとっていた。太平洋戦争の緒戦は海軍の機動部隊が華々しい戦果をあげたこともあって、そのために陸軍がいささか焦って戦果を伝えたという事実が浮かぶ。加えて、発表の任を受けもったのは、陸軍報道部では部長の大平秀雄、海軍報道部では平出英夫だったが、大平が典型的な陸軍軍人で、どちらかといえば謹厳実直なタイプなのに対して、平出は陽気で話し上手、ラジオなどで講演を行うときはユーモアを交えて話すタイプであった。また陸軍がともかく情報を曖昧《あいまい》にしようとするのに対して、海軍は戦果があがっていることもあって国民に安心感を与えるかのように細部まで発表文のなかに盛りこんでいた。

海軍報道部長の前田稔もまた、大平よりもはるかに弁舌が巧みだった。十二月九日に前田が「帝国海軍の決意」、大平が「一億一心決戦に邁進《まいしん》せよ」と題しそれぞれラジオで講演を行っている。ふたりの草稿を読み比べると、確かに前田のほうがわかりやすい。開戦劈頭《へきとう》に帝国海軍が世界を驚かすような戦果をあげたのは、

「過去幾十年の間専《もっぱ》ら精兵主義を以て粉骨砕身錬磨を重ね、世論に惑はず、政府に拘《かかわ》らず一途にその本分に精進して参った忍苦の賜《たまもの》」（傍点・保阪）

であると言い、なかには明らかに陸軍へのあてこすりと思われる一節（傍点部分）さえふくまれていた。

そのうえで、

「わが海軍の戦況報道に当って特に正確を期するため或は作戦上の要求等のため発表時期が若干おくれることがあると思ふが決して心配することなく安心して正確なわが報道を信頼していただきたい」

とも断言した。大本営発表を全面的に信頼せよと訴えているのだ。

これに対して同時に行われた大平の講演は、

「畏《かしこ》くも宣戦布告の大詔《たいしょう》は渙発《かんぱつ》せられまして、暴戻不遜《ぼうれいふそん》の米英両国に対する我が国の火蓋は遂に切られた」

で始まり、陸軍特有の精神論が何度もくり返され、

「一億国民諸君、皇国の興廃を決するこの未曾有《みぞう》の一大決戦に皇国日本臣民の真面目《しんめんもく》を発揮して戦勝に向ひ勇躍邁進しようではありませんか」

という呼びかけで終わっている。もとより海軍に共通する表現もないわけではないが、建前論が多いため、海軍の側にこそ本音が宿っているように思えるのだ。だから、国民の信頼ははるかに海軍の側に傾いた。

伊藤整の日記『太平洋戦争日記』の十二月九日の項には、日本が米英という二大海軍国を相手に戦うのは「とにかく大変な結果になると思い、戦争をはじめることは恐ろしいと思っていた」のに、グアムやフィリピン、マレーを制圧していくと、「夢のようなこと」であるといい、「それが現実に開戦二日目で着々とやっている。うそのようであるが、本当なのだ」と感に堪えぬ心境で海軍礼賛《らいさん》の記述を進めている。

陸軍報道部は「やぼてん人間」の集まり

八日から十一日までの発表回数の多さの背景には、海軍報道部の報告に対する陸軍

報道部の苛立《いらだ》ちがあった。とくに誇るべき戦果がなくてもなにか発表しなければとの対抗意識によっての回数であった。それが裏づけられるのは、大本営海軍報道部が十日午後四時五分に国民に伝えた第二十四回目の発表がよく示していた。この発表はマレー沖海戦の大戦果を伝える内容で、イギリスの不沈戦艦といわれたプリンス・オブ・ウェールズとレパルス号を撃沈したとの報が大本営海軍部に入ったために、その細部が報道された。

帝国海軍は開戦劈頭より英国東洋艦隊、特にその主力艦二隻の動静を注視しありたるところ、昨九日午後帝国海軍潜水艦は敵主力艦の出動を発見、爾後《じご》帝国海軍航空部隊と緊密なる協力の下に捜索中、本十日午前十一時半マレー半島東岸クワンタン沖に於て再び我が潜水艦これを確認せるをもって、帝国海軍航空部隊は機を逸せずこれに対し勇猛果敢な攻撃を加え午後二時二十九分戦艦レパルスは瞬時にして轟沈し、同時に最新式戦艦プリンス・オブ・ウェールズは忽《たちま》ち左に大傾斜、暫時遁走せるも、間もなく午後二時五十分大爆発を起し遂に沈没せり、ここに開戦第三日にして早くも英国東洋艦隊主力は全滅するに至れりとくに大本営発表のなかではまったく異例のことだが、イギリスの戦艦の発見から撃沈までを時間の経過を追いながら三百字近くの文章で発表している。発表文自体もこのころにしては異例の長さだった。その末尾の、「ここに開戦第三日にして早くも英国東洋艦隊主力は全滅するに至れり」の件《くだり》からは、海軍報道部の得意満面な表情が浮かんでくる。

さらに、この日のそれ以後の海軍部発表は、三回にわたって海軍部隊の攻撃内容を知らせている。これに反して陸軍部発表は、この三日間の損害は輸送船が二隻であり、陸軍機十三機が未帰還との情報をさりげなく伝えるだけだった。むしろこの発表は、国民に不安感を与える内容でもあった。

ほころびのひとつは、このように陸軍報道部と海軍報道部の対立、競争意識、それに国民への説明がそれぞれの体質によって異なっていたことだ。このことはもともと陸軍と海軍の間にある不信感や対抗心が土台になっているだけに、報道部だけを責めるわけにはいかない。しかし開戦時に陸軍報道部員だった平櫛孝はその著（『大本営報道部』）のなかで興味深い言い方をしている。「抜刀隊」が「軍艦マーチ」に勝てなかったのは、「陸軍報道部員が愚直なほどのやぼてん人間の集りだったということにつきる。そういうやぼてん教育しかできなかったところに、陸軍の教育の欠陥があり、また、そういう視野のせまい軍人が一国を支配したのだから、国が亡びるのもむりはない」といささか自嘲気味に総括しているのだ。そして、「海軍側の圧倒的に景気のよい戦果発表に、陸軍側としては批判するどころか、打つ手もなしというのが実情であった」と書いている。

功名争いという点では、陸軍側は海軍側に伍《ご》する余裕をもっていなかった。

この功名争いを克服するため、そして陸海軍の間の流れをスムーズにするために、大本営陸軍報道部と大本営海軍報道部は話し合いの末、昭和十七年一月八日から「大本営陸海軍部発表」「大本営海軍部発表」「大本営陸軍部発表」の三本立てをやめ、「大本営発表」に名称を統一することを決めている。しかしたとえ名称は一本化されても、実際には三本立ての内実は変わっていなかった。この点については組織上の欠陥があったということになるが、それは第二章で詳述することにしたい。

曖昧かつ難解な文体

さてほころびのもうひとつは、何をどのように発表するか、どういう情報は隠さなければならないか、これらの基準が実に曖昧だったことだ。何をもって大本営発表とするかは、表面上は毎日午前中に、大本営陸軍部の部長（四人）と海軍部の部長（四人）、参謀次長、軍令部次長、それに陸軍省、海軍省の幹部が出席する会議で決まり、その作戦の主務者である側（大本営陸軍部か大本営海軍部）で発表文の原案がつくられることになっていた。しかしこのときに「何をどのように発表するか」は、ほとんど会議の空気によって決められた。大本営陸軍報道部も大本営海軍報道部も、お互いに相手側にくわしい情報を教えないことが多く、互いの面子《メンツ》が前面に出ていた。従って大本営発表の文面には基準がないために、つねに誇張や隠蔽に傾く危険性を抱えていたのである。

戦局の推移は客観的事実として示される。だが、その事実をどのような表現で国民に向けて発表するか、その点もまったく曖昧だった。十二月八日からの四日間では、できるだけ客観化した表現が用いられているし、相手方の反撃についても比較的正直に伝えている。少なくとも開戦の日から一定の期間は、できるだけわかりやすい用語で事実を伝えていこうとしていた節は窺える。しかし、これとて表現するにあたって明確な基準はなかった。

たとえば、開戦から四日間の大本営発表で、米英に打撃を与えるなどの戦果が着々とあがっている場合の表現を見ていくと、「目下着々戦果拡張中なり」「戦況有利に進展中なり」「上陸に成功せり」「完全に占領せり」「順調に進捗《しんちょく》しつつあり」といった語が用いられている。だが、こうした表現は、現実にどのような意味をあらわすのか曖昧なのである。

「上陸に成功せり」と「完全に占領せり」はどのように異なっているのか、その基準が曖昧なために、巧妙に国民にその判断がまかされている。むろんマイナスのイメージで受け止めるよりは、「軍艦マーチ」に象徴されるようにすべてプラスに受け止めてしまうことを陸海軍報道部は狙っていたことになるが、時を経るにつれ、この曖昧さの度合がしだいに激しくなってくる。加えて、日清・日露戦争以来、軍事上の公文書は文語で書かれているのだが、大本営発表もまたそれに倣《なら》っていた。文語のもつ重重しさや難解さが、戦時報道に利用され続けたのである。

たとえば、明治三十八年の日露戦争の折りに、海軍の連合艦隊司令長官の東郷平八郎が、日本海海戦について大本営に送った電報（五月二十七日夜着電）は次のような内容で、新聞はこの着電をそのまま掲載するよう命じられた。

「連合艦隊は本日沖の島付近に於て敵艦隊を邀撃《ようげき》し、大《おおい》に之を破り、敵艦少なくも四隻を撃沈し、其他は多大の損害を与えたり。我艦隊には損害少なし。駆逐隊、水雷艦隊は日没より襲撃を決定せり」

ただ、戦況が悪化するにつれて、こうした曖昧かつ難解な文語表現は、しだいに通用しなくなっていった。あらゆる地域の戦闘で敗北を喫していたのだから国民には報告できなかったともいえた。

欺瞞の始まり

客観的事実を言い逃れる表現、その歪みをもっとも象徴的に示しているのは、昭和十八年二月九日午後七時の第三百四十九回の大本営発表である。

昭和十七年八月から昭和十八年一月まで、ガダルカナル島の攻防をめぐって、日本軍は必死にアメリカ軍の強大な軍事力に抗した。しかし次々と送りこんだ部隊は、戦死するか、補給を断たれて餓死するかして、悲惨な状態に陥った。大本営の作戦参謀たちのこの無謀な作戦によって、二万四千六百人もの犠牲者を出している。海上作戦では昭和十七年六月のミッドウェー海戦、地上作戦ではこのガダルカナル戦からアメリカが反転攻勢に転じたのである。

太平洋戦争の分水嶺となったガダルカナル戦の発表文は、わずか七カ月ほど前の開戦当初の勢いのよさに比べると沈痛な内容である。昭和十八年二月に入って、大本営作戦部はこれ以上ガダルカナルに戦力を投入しても勝機はないということで撤退を決める。実際の撤退作戦は成功したが、それも日本軍にとってひとまず犠牲者が増えることに歯止めをかけたにすぎなかった。この撤退の状況を国民に伝えたのが第三百四十九回目の大本営発表であった。

この発表は三項目に分けられており、第一項は、帝国陸海軍部隊はニューギニアやソロモン群島に「戦略的根拠を設定中」で、それがおおむねうまくいっている、との内容である。まず全体に、日本軍は南方要域に制圧地域を増やしていると、国民に甘い認識を与え、そのうえで、第二項と第三項で次のような発表を行っているのだ。

二、右掩護《えんご》部隊としてニューギニア島のブナ付近に挺進せる部隊は寡兵克《よ》く敵の執拗なる反撃を撃攘《げきじよう》しつつありしが其の任務を終了せしに依り一月下旬陣地を撤し他に転進せしめられたり、同じく掩護部隊としてソロモン群島のガダルカナル島に作戦中の部隊は昨年八月以降引続き上陸せる優勢なる敵軍を同島の一角に圧迫し激戦敢闘克く敵戦力を撃摧《げきさい》しつつありしが其の目的を達成せるに依り二月上旬同島を撤し他に転進せしめられたり、我は終始敵に強圧を加え之を慴《しよう》伏《ふく》せしめたる結果両方面とも掩護部隊の転進は極めて整斉確実に行はれたり

三、現在までに判明せる戦果及び我軍の損害は既に発表せるものを除き左の如し

一、敵に与へたる損害
人員　　　　　　二五、〇〇〇以上
飛行機撃墜破　　　　二三〇機以上
火砲破壊　　　　　　三〇門以上
戦車破壊炎上　　　　二五台以上
二、我方の損害
人員戦死及戦病死　一六、七三四名
飛行機自爆及未帰還　　一三九機

この発表は事実と反対といっていい。海軍報道部の将校だった冨永謙吾の著した『大本営発表の真相史』という書には、「この発表は全くの欺瞞であった」と認めたうえで、

「陸軍省の代表は、帝国議会の戦況報告で、この発表を遭遇戦における後退展開である、と苦しい説明をした。しかし、識者の目はごまかせなかった」

とも記しているのである。陸軍の長老だった宇垣一成が、翌日の自らの日記に、

「当局は巧に潤飾《じゅんしょく》した文章を以て、ブナ、ガダルカナルの放棄を発表しているが、国

民識者の多数は悲しむべき戦報」

と書いている、と冨永は指摘している。

ガダルカナル戦では、玉砕を免れるために辛うじて撤退作戦にふみきることができたのだが、それは〝敗戦、そして撤退〟という構図以外のなにものでもない。それを、島の一角に敵軍を追いつめ戦闘力を失わせたために、「同島を撤し他に転進せしめられたり」というのだから、あまりにも厚顔だということになるだろう。この第二項を字義どおりに読んでみると、日本軍は着実に戦果をおさめているという以外に受け止めようがないのだ。

なぜこういう欺瞞が生じたのか。虚偽や隠蔽が行われたのか。陸軍内部でも正直に「撤退」とか「退却」というべきなのに、「転進」というのは現実をごまかす言い方ではないのか、という声があった。当時、内閣情報局の将校だった松村秀逸（のちに大本営陸軍報道部長）は、回想録（『大本営発表』）のなかで、こうした虚偽の発表は、陸軍省軍務局長の佐藤賢了と大本営第二部（情報部）部長の有末精三による合作だったとの見方を明かしている。

佐藤も有末も典型的な軍官僚であった。また松村は「退《ひ》く」という言葉を忌み嫌っていた内部の空気が発表文によくあらわれていた、ともいうのである。連戦連勝、皇軍不敗の〝神話〟をなんとしても堅持したかったのであろう。この事実は、客観的事実を見つめる目にかわって、やがて主観的判断という独善に堕していく大本営発表そのものの行く末を存分に語っていたともいえるのだ。

錯誤の連環

さらに指摘できるのだが、前述の第三百四十九回の発表の第三項（戦果の報告）そのものもまったく偽りであった。戦後に明らかになったアメリカ側の資料、そして日本側の資料を照らしあわせてみると、発表では日本側の損害の人数は一万六千七百三十四名になっているが、ガダルカナル島では二万四千六百名、そしてニューギニア島のブナでは一万二千五百名というのが正確な数字である。

また、日本側は、アメリカ側に二万五千名以上の人的損害を与えたことになっているが、実際の数字は戦死者が約一千名、負傷者が四千二百四十五名にすぎなかった。「我軍の損害」は少なめに、「敵軍」の損害は多めにというのが、この発表にはあらわれているし、そしてこのころから双方の損害の数字はすべて作為に満ちているということになる。

なぜこのようなことが起こるのかを具体的に見ていくと、アメリカ側はひとつの戦闘が終わるとその戦果を確認するための部隊があって、自分たちの側の損害や犠牲者を客観的に調査し、それをなるべく国民に正直に伝えていることがわかる。国民が戦争に協力する前提として、事実を伝えることと、納税者である国民に戦費がどのように使われているか、その説明責任を果たすとの姿勢があるからだ。国民への責任については、アメリカのほうが日本とは比較にならないほどバランス感覚があったということになるだろう。

反して日本では、戦力そのものがほぼ頂点に達している状態で戦争を続けているわけだから、戦果を確認する余裕などない。もっぱら戦闘に加わっていた部隊からの自己申告で戦果は判断される。当然なことに、自らの戦果は大仰に報告し、大本営陸海軍報道部はそれをさらに自らに都合のいいように判断して手直しをする。こうして虚構の報を発した大本営陸海軍報道部は、虚構を信じる国民の反応を確かめて自らもまたそれを信じる、という錯誤の連環のなかに落ちこんでいったのである。

錯誤の連環のなかに落ちこむだけならまだしも、その錯誤を「事実」と仮定したうえで次の作戦を練ったため、作戦自体がまったくの虚構と化してしまうこともあった。後述するように、昭和十九年十月の台湾沖航空戦やその後の比島決戦はそうした虚構にもとづいて行われた作戦で、後者は十万人もの犠牲者をだしている。大本営発表を自らの責任のがれに利用した大本営の作戦参謀の責任はあまりにも重いといわなければならない。

ほころびの第二として挙げられるこの点は、昭和十六年十二月八日から十一日までの発表の有頂天ぶりが、地に足がついていなかったことを逆説的に証明していたのである。

勅語の意味

あえてもうひとつのほころびをつけ加えておこう。それは軍事指導者たちが、国民に都合のいい情報を伝えて自らの意のままに操ろうとしただけでなく、天皇の大権を付与されている身でありながら、昭和天皇に正確な情報を伝えていない節があったことだ。加えて天皇の権威だけは利用しているのである。

昭和十六年十二月八日、九日、十日と戦果があがるたびに、首相であり陸相でもあった東條英機は、「お上には軍令部からご報告申し上げたろうな」と促し、ときに自らも参内して戦果を報告している。参謀総長の杉山元、軍令部総長の永野修身、それに東條や海相の嶋田繁太郎らは天皇に対して、武勲をたてた部隊に勅語をいただきたいと、ときに侍従武官長を通じ、上奏の折りに申し出ている。天皇もまた勅語を出してもかまわないとの意思表示をしていた。

天皇の心理は開戦前後から微妙に揺れていた。大本営発表の伝える戦果に特別の感情をみせずにうなずいていた反面、上奏に赴いた宮内省の側近には「真珠湾攻撃には幸い成功したが……」と沈痛な表情で漏らしたこともあった。天皇は、戦後になって侍従次長の木下道雄に、その本音を洩らしている（昭和二十一年一月十三日）。

「今、幸いなりしと思うこと一つあり。そは宣戦の詔書以外に詔書を出さざりしこと、出せば侵略的用語を用いざるべからず。さすれば平和の端緒を失う故に、歴代首相これを願い来たりしも、朕《ちん》と木戸とで極力反対、これを食い止めたり。こは唯一の幸いなりと。（以下略）」

この言は、『昭和天皇独白録』にも記録されている。

天皇の意思を国民に伝えるには、詔書、勅書、勅語、御沙汰、優諚《ゆうじょう》などいくつかあるが、このなかで勅語とは、「天皇の御言葉を申し上げる。また文書に宣して宣《のた》まわれる」（『皇室事典』昭和十三年六月刊）という意味で、これには御名御璽《ぎょじ》は必要ないとされている。詔書は内閣総理大臣の副署した文書で、相応の重みは伴うが、勅語は単に天皇が臣下の者に与える感謝や励ましの意味をもつ。天皇が詔書を出していない、と述懐したのは、詔書が勅語よりもはるかに重要な意味をもっていると理解していたことを物語っている。

また、昭和十六年十二月八日に発せられた宣戦の詔書（正確には「米英両国ニ対スル宣戦ノ詔書」）には、天皇自身が実際に目を通して「豈《あに》朕カ志ナラムヤ」という語などを挿入したことはよく知られている。しかし勅語は、内閣や大本営が作成してくる文章をほとんどそのまま承認して発表していたといわれている。

開戦時の陸軍省軍務局の幕僚からの直話では、勅語は侍従武官長を通してこのような部隊にこういう文章でいただきたいと申し入れておくと、大体は了承されてわれわれの側に降りてくる、それでこちらで文案を慣例に従って作成し発表することになったという。「特別に御名御璽が必要ではないのだから、きわめて事務的に手続きは進められた」ともいうのである。

勅語については、大体が「大本営発表」のかたちをとり国民に伝えられている。どれほど発表されていたかを調べてみると、昭和十六年十二月は四回、昭和十七年は年間で六回、昭和十八年は二回、昭和十九年は三回、そして昭和二十年は皆無である。八百四十六回のうちの十五回だから、その比率はあまり高くない。むろん「大本営発表」にはならなかった勅語もある。議会開院式や特別に個人に発した勅語などは発表にはなっていない。大本営発表で国民に伝えられた勅語は戦果にかかわることばかりであり、軍事と関係ない限りは大本営発表には該当しないとされていたのだろう。

しだいに減る勅語

太平洋戦争下の勅語の第一回発表は、昭和十六年十二月八日午後三時なのだが、これは陸海軍省発表となっていて、「大本営発表」のクレジットは入っていない。陸海軍の将兵だけでなく、国民に開戦の意思を明示した内容である。天皇はここで今度の戦争目的には「帝国ノ自存自衛」と「東亜永遠ノ平和確立」のふたつがあると明かしている。それに対して陸軍大臣の東條と海軍大臣の嶋田繁太郎は、陸海軍を代表して奉答文を発表している。

次の勅語（第二回）が大本営発表になるのは十二月十日午後四時であった。第二十三回目のこの内容は以下のようになる。

本十日連合艦隊司令長官山本五十六に左の勅語を賜はりたり

勅語

連合艦隊ハ開戦劈頭善謀勇戦大ニ布哇《ハワイ》方面ノ敵艦隊及航空兵力ヲ撃破シ偉功ヲ奏セリ　朕深ク之ヲ嘉尚ス将兵益々奮励シテ前途ノ大成ヲ期セヨ

第三回目の勅語は、十二月十二日午後七時半の大本営発表（第四十一回）によって明らかにされたが、これも第二回目とよく似ている。

大元帥陛下には、本日海軍幕僚長を召させられ、連合艦隊司令長官に対し左の勅語を賜はりたり

勅語

連合艦隊航空部隊ハ敵英国東洋艦隊主力ヲ南支那海ニ殲滅《せんめつ》シ威武ヲ中外ニ宣揚セリ

朕深ク之ヲ嘉尚ス

十二月二十七日の第四回目（第七十八回）は、香港攻略の成功を祝して、陸軍の支那派遣軍、海軍の支那方面艦隊に勅語を発している。

連合艦隊には四回のうち二回にわたり勅語を下賜《かし》されたのだが、これを受けとった連合艦隊側は、当然のことながら感激する。参謀長の宇垣纒《まとめ》も「優渥《ゆうあく》なる御勅語、誠に感激の至なり」とその日記『戦藻録』に書いているほどである。

当初は、こうした勅語を一カ月に四回発していたが、時間が経つにつれ、つまり戦

況が悪化していくにつれ、軍事指導者たちは天皇に勅語を出してもらうことができなくなった。天皇もまた勅語を出してもかまわないと促すことはできなかったともいえる。たとえ情報が途絶された状態であっても、大本営発表によって公式に勅語が発せられていないという一事を見れば、昭和十九年以降は日本がすでに戦闘に敗れていることが、誰にも容易に理解できたのである。日本の国内放送を傍受信している連合国側が、日本は混乱状態であると推測しても決しておかしくはなかったのだ。

台湾沖航空戦の虚報

天皇が大本営から正確な情報を受けとっていないことを図らずも示す勅語がある。それは昭和十九年十月二十一日午後七時に発表された大本営発表（第六百四十七回）である。

大元帥陛下には本日大本営両幕僚長を召させられ南方方面陸軍最高指揮官、連合艦隊司令長官、台湾軍司令官に対し左の勅語を賜はりたり

勅語

朕カ陸海軍部隊ハ緊密ナル協同ノ下敵艦隊ヲ邀撃シ奮戦大ニ之ヲ撃破セリ

朕深ク之ヲ嘉尚ス
惟《おも》フニ戦局ハ日ニ急迫ヲ加フ汝等愈《いよいよ》協心戮力《りくりよく》以テ朕カ信倚《かたわら》ニ副《そ》ハムコトヲ期セヨ

この勅語は、昭和十六年十二月、そして昭和十七年に下賜された表現とはいくつかの点で異なっている。その違いとは、「朕深ク之ヲ嘉尚ス」のあとに続く「惟フニ戦局ハ〜」の一節である。戦局は日に日に厳しくなっている。将兵は一層の忠勇の精神を以て、私の期待にこたえてほしい、という表現がつけ加えられているのである。まずはこの点に注意を払っておく必要がある。

台湾沖航空戦に関していえば、まず日本軍が〝戦勝状態〟になったとの大本営発表があり、その報告を受けた天皇は、勅語を出したいと自ら希望した。このことは『木戸幸一日記』にも記述されているが、当時日本軍は至るところでアメリカ軍を中心とする連合軍に徹底した攻撃を受け、戦況の面ではなにひとつ朗報がなかった。それだけに、台湾沖航空戦ではそれこそ久しぶりにアメリカ海軍の機動部隊に打撃を与えたとあって鳴り物入りで大本営発表が行われたのである。

台湾沖航空戦に関する大本営発表は、十月十二日から十五日にかけて五回にわたって行われた。連日の日本海軍航空部隊の攻撃により、アメリカ海軍の空母が次々に沈められているという発表があった。十隻余に及ぶ空母に壊滅的な打撃を与えたというのである。そのうえで最終的に大本営発表（昭和十九年十月十九日午後六時）が行われ、すさまじいまでの戦果が国民に伝えられた。まさに開戦時の真珠湾奇襲攻撃なみの損害を与えての大勝利という内容であった。

この十九日の大本営発表は第六百四十四回目にあたるのだが、その内容がいかに国民を鼓舞したかをまず語っておかなければならない。次のような内容だったのだ。

我部隊は十月十二日以降連日連夜台湾及「ルソン」東方海面の敵機動部隊を猛攻し其の過半の兵力を壊滅して之を潰走せしめたり

（一）我方の収めたる綜合戦果次の如し

轟撃沈　航空母艦十一隻、戦艦二隻、巡洋艦三隻、巡洋艦若《もし》は駆逐艦一隻

撃破　航空母艦八隻、戦艦二隻、巡洋艦四隻、巡洋艦若は駆逐艦一隻、艦種不詳十三隻、其の他火焔火柱を認めたるもの十二を下らず

撃墜　百十二機（基地に於ける撃墜を含まず）

（二）我方の損害　飛行機未帰還三百十二機

〔註〕本戦闘を台湾沖航空戦と呼称す

これではアメリカ海軍の機動部隊がほとんど壊滅状態になったということになる。当時の新聞は「台湾東方海域は〝宿怨のアメリカ艦隊の墓場〟となった」と書きたてた。松村秀逸の『大本営発表』という書にも、

「（この発表に）日本は歓呼のルツボと化してしまった。中国、仏印、ビルマ、マレー、蘭領インド等、フィリピンはもとより全在外部隊は、うち続く敗戦の憂鬱さをふき飛ばして『やったゾ』というわけで、祝杯をあげたという」

と書かれているほどだ。

大本営陸海軍報道部のなかにも興奮の反面、本当かという疑問の声はあった。結果的にということになるが、こうした戦果は実際に攻撃に赴いた部隊のパイロットたちが帰投して一方的に報告するのをなんの確認もなしに流していただけなのである。実際には、十四日、十五日と戦果を発表しているにもかかわらず、この日以後もアメリカ軍の空母は台湾方面、ルソン方面に次々とあらわれて、それぞれの地域の日本軍基地を爆撃していたのである。

事実は、アメリカ海軍の空母は一隻も撃沈も撃破も、そして大破もしていなかった。わずかに巡洋艦二隻が撃破された程度であった。大本営海軍部の作戦参謀はそうした事実を薄々気づいていながら、十九日の発表を行っていたことになる。その発表を信用していたからこそ、天皇もまた勅語の下賜を許したわけだ。冨永書（『大本営発表の真相史』）には、さすがに大本営海軍報道部のなかでも「（真相がわかるにつれ）戦果訂正の意見も出たが、勅語も出ていることなので今更何ともならないことだった」とあるのだが、このことは図らずも天皇に真実を伝えていなかったことを裏づけている。

それゆえに勅語の末節に、大本営海軍報道部の部員たちが、「惟フニ戦局ハ〜」と言い訳がましい一節をつけ加えざるを得なかったという推測が成りたつのである。

ほころびの三点目とは、国民にも天皇にも一切の事実が知らされなかったことだ。

主観主義の罠

前述のように、昭和十六年十二月八日からの四日間の大本営発表には、五つの特徴があったが、それらはこのような三つのほころびも同時にかかえこんでいたのである。

大本営陸軍報道部の部員だった平櫛孝は、このころには第四十三師団の参謀に転じていたためか、台湾沖航空戦の誤報について手厳しい批判をその著のなかで繰り返している。次のように書いているのだ。

「日本の首脳部は、これまでたびたび国民をだまし続けてきたが、ここに至って、遂に最高権力者の天皇までだましたということになる。こういった欺瞞や糊塗《こと》はそのとき始ったものではなかった。これこそ、軍が完全に官僚主義に毒されきっていたこと、を示す好例である。軍は書類の上の功名のみをきそい、現場の現実を直視する真の勇気をもたぬ者どもの集団であり、しかもそれを恥とも思わず、国民の上に君臨していたのである。破廉恥そのものといわれてもしかたがない（以下略）」

　平櫛自身も大本営陸軍報道部の一員だったにもかかわらず、ここまで強い批判を行うことに驚かされるのだが、実は平櫛は遺書のつもりでここまで書いたというのだ。私はある軍人（大本営の元情報参謀）からそう聞いてうなずくことができた。実際に、この書を著してすぐに病死している。確かに大本営発表はとうとうこの段階までにいきついていたのである。

　この台湾沖航空戦（昭和十九年六月のマリアナ海戦にも意図的に虚偽の表現が用いられているのだが）の例を通じてわかることは、実にただ一点である。それは誤報や虚報の原因はどこにあるか、という設問に対する答といってもいい。その一点とは、主観的な願望を客観的事実にすりかえてしまうという心理構造である。いやあるいは思いこみを事実と信じて、自己陶酔に耽《ふけ》る心理だといってもいいであろう。

本来なら、軍事行動は政治の延長線上で捉えられなければならなかった。それが二十世紀の戦争のルールである。しかし、日本の政治・軍事指導者はそういうルールにまったく関心を示さない。ひたすら軍事のみが戦争のすべてと思っていたのである。だから戦場の至るところで敗北が重なっていくにつれ、軍事行動そのものを自己の思いや願望で見つめつづけた。そのあげくに主観主義の罠《わな》に落ち込んでしまったというべきであった。

もともと大本営陸海軍部の作戦参謀は、情報を軽視して作戦を立案していた。たとえば、大本営陸軍部には第二部（情報部）があったが、そこで情報参謀が集めたり分析した情報も、作戦の立案にはほとんどといっていいほど生かされなかった。作戦参謀にとって、そういう情報に動かされることはすなわち信念のない行為と見なされていたのである。

情報、戦略軽視の体質

その誤りは、三年九カ月の太平洋戦争の期間に累積し続けたということもできるはずである。情報の重要性など考えもしない戦争指導こそ、この国の進む道を誤らせる因《もと》だったと断定しても決してまちがいではない。

情報について無頓着だからこそ、大本営発表という名称で国民に伝える戦果は、「戦意昂揚」と「継戦意識の持続」という視点でのみ取捨選択していたことにもなる。自らが情報を軽視するのだから、国民に正確な情報（むろん戦時下にあっては、ある程度の制約が加えられるのは認めざるを得ないにしても）を与えようなどという発想はなかったのである。正確な情報を与えると、国民の戦意は低下し、厭戦《えんせん》気分が蔓延《まんえん》するとの不安にとりつかれていたのだろう。それは国民をまったく信用していないという意味になる。

一説によると、情報という語は明治時代の造語だといわれるが、そのころは陸海軍ともこの語をほとんど使わず、諜報という語が多用されていたという。諜報というのはスパイを意味し、どちらかというとマイナスのイメージが強かった。大正時代の陸海軍内部で少しは使われるようになったが、諜報という語のイメージを薄めるために、むしろ昭和に入って軍内でも積極的に情報という語が使われるようになったそうだ。しかし依然として、情報には諜報のイメージがつきまとっていて、大本営の作戦参謀たちは前述のように軽視していたというのである。情報を客観的に分析する能力をもっていた軍人も数えるほどだった。

太平洋戦争が終わったあと、アメリカ軍の情報将校たちが日本に進駐してきて、大本営発表を始めとして日本の情報システムを徹底的に調べた。このときアメリカの情報将校に呼びだされた大本営の情報参謀たちは、実にこまかい点まで質問を受けた。たとえば、私の取材した範囲でも、「あなたがたが用いた情報関係の基礎文献を教えてほしい」との質問を受けたという。そんな文献などなにもないと答えると、彼らは唖然《あぜん》としたそうだ。

大本営陸海軍部の情報参謀は、陸海軍部報道部員とは一線を画していたので、大本営発表そのものに組織上も文案づくりにもまったくかかわっていない。そのため、大本営発表はどのような戦略のもとで発表されていたのか、という問いにもほとんどの情報参謀たちが明確にこたえることはできなかったとの話も聞いた。あまりの情報戦略の拙《つた》なさに、アメリカ軍の情報将校はなにか隠しているのではないかと逆に疑ったそうだ。

彼らは「日本陸海軍の情報部について」という調査書をまとめ、アメリカ政府に提出している。堀栄三の『大本営参謀の情報戦記』によるなら、第三項には「陸海軍間の円滑な連絡が欠けて、せっかく情報を入手しても、それを役立てることができなかった」とあり、組織の不統一を指摘していたというのである。第四項では、「情報関係のポストに人材を得なかった」として、「情報任務が日本軍では第二次的任務に過ぎない結果となって現れた」といい、第五項では日本軍の精神主義が情報活動を阻害する要因になったともいうのであった。

堀は、こうした指摘は残念ながらすべてあたっているとも認めている。とくに第四項の人材がいなかったという指摘には、大本営内部の作戦部門と情報部門の確執などをふり返りながらそのとおりだと認めている。

さらに、これは堀も指摘していることだが、日本の大本営発表は外電として世界に流れていたともいう。台湾沖航空戦やその直後のブーゲンビル島沖の航空戦でも誇大な発表が行われたが、それによるとアメリカ海軍の太平洋艦隊には空母が一隻もなくなっているはずだった。各国は注目してその発表内容をつぶさに検証してみたというのであった。その結果、「大本営発表は信用できない」と世界に大恥を晒《さら》すことになった。

台湾沖航空戦の真実を、海軍側は陸軍側に伝えなかった。そのことを堀は、「デタラメ大戦果発表を鵜《う》呑《の》みにした陸軍が、急遽《きゅうきょ》作戦計画を変更して、レイテ決戦を行うハメに陥るのであるから、海軍航空戦の戦果の発表は、地獄への引導のようなものであった」

と怒りの筆調で書いている。虚構の大本営発表が、実は十万、二十万という単位で日本軍の将兵を死に至らしめたという現実、それは大本営発表そのものの罪悪であるといってもいいわけである。

五つのキーワード

大本営発表が正確だった段階、虚偽、誇張にと変身していく段階、さらに主観的願望を客観的事実にすりかえてしまうからくりなどをより具体的に分析するために、三年九カ月の太平洋戦争そのものがどのように推移したかを理解しておかなければならない。昭和十六年十二月八日からの四日間にみられた五つの特徴が消え失せて、前述のようにほころびが拡大していく、そのプロセスを確認するためにも必要である。

太平洋戦争は、日本軍の［勝利］、［挫折］、［崩壊］、［解体］、［降伏］という軍事的な段階を経て終息している。この五つのキーワードは私自身が便宜的に用いているのだが、こうした語でもまだ甘いといえるかもしれない。この五つの語がもつイメージよりも、日本軍ははるかに悲惨な戦闘を体験しているからだ。

［勝利］（昭和十六年十二月八日〜昭和十七年五月）

［勝利］というのは、昭和十六年十二月八日から昭和十七年六月のミッドウェー海戦の直前までを指す。この間、日本海軍は真珠湾攻撃、マレー沖海戦、珊瑚《さんご》海海戦を始めとする海戦を制し、陸軍の香港占領、マニラ占領、シンガポール占領を始めとして南方に送った兵力が要域を次々に占領した時期であった。あらゆる地域で日本は勝利をおさめたのである。もとよりアメリカ軍が戦争準備を充分に行っていたわけではないので、日本軍はまさに向かうところ敵なしという状態であった。

軍事指導者の間に「勝利病」なる病が起こったといわれる所以《ゆえん》でもある。

［挫折］（昭和十七年六月〜昭和十八年四月）

次の［挫折］は、文字どおり敗戦への道につながっているのだが、このときはまだそのことは予想されていない。この期間は昭和十七年六月のミッドウェー海戦から昭和十八年四月の山本五十六連合艦隊司令長官の戦死までといっていいだろう。

ミッドウェー海戦、ガダルカナル攻防戦、第二次・第三次ソロモン海戦、イサベル島沖海戦、ビスマルク海戦などが行われるが、この段階で日本海軍の連合艦隊はしだいにアメリカ海軍太平洋艦隊の反撃を受けるようになる。ミッドウェー海戦やビスマルク海戦などは日本海軍が徹底した攻撃を受けて壊滅状態になっていく戦闘でもあった。まさにこれ以前の［勝利］は少しずつ［挫折］という戦況に変わっていったといってもいい。

ただ、タラワ島の占領を始めとして、東部ニューギニアのウェーキ、マダンなどを占領するなど広範囲に広げた作戦地域を一部制圧もしている。大本営の作戦参謀は、昭和十八年中期以降にアメリカ軍の反攻が始まるとみていたが、この期にはすでにそれが始まっていて、日本は追いつめられていく徴候もあった。ブーゲンビル島上空で、前線視察に赴いた山本長官の航空機が、暗号を解読したアメリカ軍の待ち伏せ攻撃に遭い山本は戦死している。それはこの期のもっとも特徴的な事件だった。

［崩壊］（昭和十八年五月〜十二月）

次の［崩壊］というのは、昭和十八年五月から十二月までといっていいだろう。日本は実質的には軍事的に敗れているといった状態になる。アメリカは経済、産業のすべてを戦時体制に切り替えて、次々に武器、弾薬を前線に送ってくる。国としての潜在力が顕在化してくる。日本を物量の消耗戦に引きずりこんでいく。日本はしだいに伸び切った戦線のもとで息切れした状態になってしまう。

七月、八月、九月、そして十一月とコロンバガラ島沖海戦、ブーゲンビル島沖海戦、ギルバート諸島、マーシャル群島、ラバウル大空襲と日本軍は何とかアメリカ軍の攻勢に耐えるが、どの戦闘でも犠牲は大きい。とくに五月のアッツ島守備隊の玉砕は、以後の玉砕の序幕となっている。コロンバガラ島沖海戦では、アメリカ海軍の艦隊に電探射撃を受けて日本海軍は致命的な打撃を受けている。

アリューシャン列島のキスカから撤退する。東部ニューギニアやソロモン群島方面の戦況は補給や増援が困難になって日本軍は孤立していく。ニューギニアのラエもアメリカ軍が占領する。中部太平洋でのこうした状況に、大本営は御前会議で絶対国防圏体制を作成し、マリアナ、カロリン、西ニューギニアに後退する一方で守るべき範囲を決める。だがそのためにどのような戦略をもつかなどについては実に曖昧だった。現実にアメリカ軍の圧倒的な攻勢の前に、タラワ、マキン両島の守備隊は全滅しているし、ニューブリテン島にもアメリカ軍が上陸している。客観的にみれば、日本の敗北は誰にも疑いようがなかった。むろん国民はそうしたことを知らない。

十月には学徒出陣が決定、学生、生徒は勤労動員に狩りだされて、まさに国家総力戦となった。

［解体］（昭和十九年一月～昭和二十年二月）

昭和十九年一月から翌二十年の二月までの一年間は、あえて「解体」の期間と名付けていいだろう。昭和十九年二月にトラック島大空襲、三月にパラオ大空襲と続き、首相兼陸相だった東條英機は軍令の責任者である参謀総長のポストにも就いた。まさに軍政と軍令の両部門をにぎるのである。

この年三月、日本はインパール作戦を実施し、ここでも全滅状態になる。さらに四月には西部ニューギニアのアイタペ、ホランディアにアメリカ軍が上陸している。そして六月には連合艦隊は中部太平洋で決戦を行うと称して「あ号作戦」にふみきる。この作戦の一環として行われたマリアナ沖海戦で、日本の空母はほぼ全滅の状態になった。サイパンで日本軍守備隊は玉砕となり、サイパン基地からアメリカ軍のB29などによる日本本土への爆撃が可能になった。東條内閣は重臣たちの包囲網に加え、天皇の信頼を失って総辞職している。

十月には、大本営は決戦方面を比島とすることにして、「捷《しょう》一号作戦」を発動する。この作戦は絶対国防圏体制を死守するために大号令のもとで発動されたわけだが、その折りに台湾沖航空戦の虚報に踊らされるかたちで、レイテ決戦にふみきった。このとき初めて神風特攻隊が編制され、フィリピン沖でアメリカ軍の空母に体当たり攻撃を行ったのである。しかし十一月、十二月のレイテ決戦で日本は壊滅的な打撃を受けて、昭和二十年一月九日にはアメリカ軍にルソン島リンガエン湾への上陸を許すことになった。戦力で劣る日本は特攻攻撃を執拗に続けて絶望的な戦いをくり返す。
昭和二十年一月、大本営は「本土決戦に関する作戦大綱」をつくり、本土決戦で活路を開くことを決めている。二月には、マニラの日本軍が全滅しているし、アメリカ軍は硫黄島に上陸して日本本土への足がかりを強めている。すでにこの段階では、戦争という次元ではなく、国を挙げて自殺行為を続けているという状態だったのである。

［降伏］（昭和二十年三月〜八月十五日）
最後の［降伏］への道は、昭和二十年三月から八月十五日までの五カ月余をさすと考えるべきだろう。三月から六月までは沖縄に上陸したアメリカ軍と日本軍との間に激しい地上戦が続き、六月二十三日には沖縄の守備隊が壊滅している。この間、アメリカ軍の艦艇に向けて特攻攻撃を続けている。三月十日の東京大空襲にみられるように、アメリカ軍の爆撃機が日本国内を自由に飛び回り、全国各地に爆弾を落とすという光景が日常のものとなった。国民の間にも厭戦の気運が盛り上がっていたが、しかしそれを表面化できる状態にはなかった。ただ鈴木貫太郎内閣のもとで、和平の方向をめざしてソ連を仲介に米英との交渉が企図されている。

五月七日にはドイツが降伏、枢軸陣営では日本のみが抵抗を続ける状態になった。七月二十六日にアメリカ、イギリス、中国の指導者の名によって、日本に無条件降伏を促すポツダム宣言が発せられたが、鈴木首相はこれを無視することを発表した。日本はアメリカ軍の機雷敷設によって港への入港、出港ができない状態になり、もう戦争は不可能な状態に置かれた。

八月六日に広島へ、九日には長崎へ原子爆弾が投下される。九日、ソ連による対日参戦。ここに至って日本は二回にわたり御前会議を開き、ポツダム宣言の受諾を決定するのである。

そして八月十五日に天皇による玉音放送で日本は敗戦を受け入れることになる。九月二日に東京湾上に停泊しているミズーリ号上で日本は降伏文書に調印し、太平洋戦争に終止符を打つことになった。

これが三年九カ月に及ぶ太平洋戦争の軍事的な流れである。むろんこれは概略であって、細部にわたって検証するなら、昭和十八年、十九年にも日本は部分的な勝利を得たときがあった。だがそれは大勢に影響を与えるほどのことではなく、昭和十七年六月のミッドウェー海戦以後は軍事的に敗戦の方向へ歩みを進めたといっていいであろう。つまりは開戦から六カ月、あるいは七カ月しか［勝利］の期間はなかったのである。

「信じたいけど、信じられない」

大本営発表は、文字どおり「大本営の発表」ということになるが、大本営陸海軍報道部は「戦果報告」のみを扱うわけだから、本来なら前述のような軍事的な流れを報道しなければならなかったはずである。にもかかわらず、大本営発表はその役を充分に果たしたとはいえなかった。国民はしだいに大本営発表と現実との違いに気づき、大本営や政府の発表に疑いをもつことになり、やがてまったくといっていいほど信用しなくなったのだ。

徳川夢声は、開戦当初は大本営発表に興奮を味わっていたが、『夢声戦争日記』を読んでいくとしだいに信用しなくなっていくことがわかる。同時に、信用しようとの気持ちもまた強まっている。信用できないけれども、なんとか信用しようというのがその本音だったのである。国民の心理はそのようなものだったと考えていい。

昭和十九年六月二十三日の夢声の日記には、そんな気持ちが正直に語られている。この日の午後三時三十分には、第五百八十五回目の大本営発表が行われ、「あ号作戦」が発動されて日本の連合艦隊は大きな戦果（これも実際には虚偽だった）をあげたことになっている。実態は日本の空母も「武蔵」や「大和」などの戦艦も充全な働きはできないでいたときである。

夢声の日記には次のように書かれている。

「新聞に敵太平洋艦隊の現勢というのが出ている。戦艦だけで二十隻、うち半数以上は時速三十節《ノット》も出るという。これに対し日本の艦隊は今何をしているんだ、まさか逃げているんじゃあるまいなと思う。その記事のすぐ傍に『敵来らば一撃と張切るマリアナ基地の新鋭迫撃砲隊』という写真が出ているが、竹筒みたいな迫撃砲が三本ばかり上をむいている有様、どうも心細い限りである。（以下略）」

大本営発表への不信と不安──開戦当初のあの信頼感はとうに失われているということでもある。

回数の変遷から見えてくること

前述の軍事的な流れのなかで、大本営発表は八百四十六回に及んだわけだが、この回数の内訳をくわしく見ていくことにしよう。

昭和十六年十二月、十七年、十八年、十九年、それに二十年の、それぞれの年の発表回数はすでに記したとおりである。さらに、これをもうすこしくわしく見てみると七七頁の図のようになる。

　これを見てもわかるとおり、昭和十七年は一月の六十八回、二月の六十七回が突出していて、月を経るごとに減少していく。昭和十八年は年間の回数が百七十四回で、昭和十七年よりははるかに少ないのだが、それでも平均しているところに特徴がある。戦況が悪化しているがゆえに、国民に不安や不信を与えないように、大本営陸海軍報道部はしきりに発表を続けていたといっていい。そして昭和十九年である。こちらも九月までは平均化しているのだが、十月、十一月、十二月は三十回以上に及んでいる。特別攻撃隊についての発表が多かったためと推測される。

　昭和二十年に入ると、四月までは数多く発表されているのだが、五月以降はめだって減っている。この年の八月は、十四日までに七回、その後二十一日から二十六日までが六回となっている。日本が無条件降伏を受け入れる前日に、軍事的な発表は終わっていた。二十一日からの六回はいずれも「大本営及帝国政府発表」であり、軍事というよりむしろ政治の領域に関わる内容が多い。

　この数字の分布図をもうすこし別な視点で見つめたらどうなるだろうか。次のようなリストができあがる。

［勝利］昭和十六年十二月八日から十七年五月まで（二百九十七回）
［挫折］昭和十七年六月から十八年四月まで（八十一回）
［崩壊］昭和十八年五月から十二月まで（百三十六回）
［解体］昭和十九年一月から二十年二月まで（二百六十三回）
［降伏］昭和二十年三月から八月まで（六十九回）

むろんそれぞれの期間は同一ではないので、簡単に結論を出すわけにはいかないが、それでも次のことは指摘できる。

（一）［勝利］のときは異様に大本営発表が多かった。
（二）［挫折］、つまり作戦行動が失敗したときには、大本営内部にもとまどいがあったのだろうが、その回数は少なくなっている。
（三）ただし（二）の解釈として、昭和十七年一月八日から大本営陸軍報道部、大本営海軍報道部の発表を廃して大本営発表に一本化したために、陸海軍間の対抗意識が減少したとの見方も成り立つ。

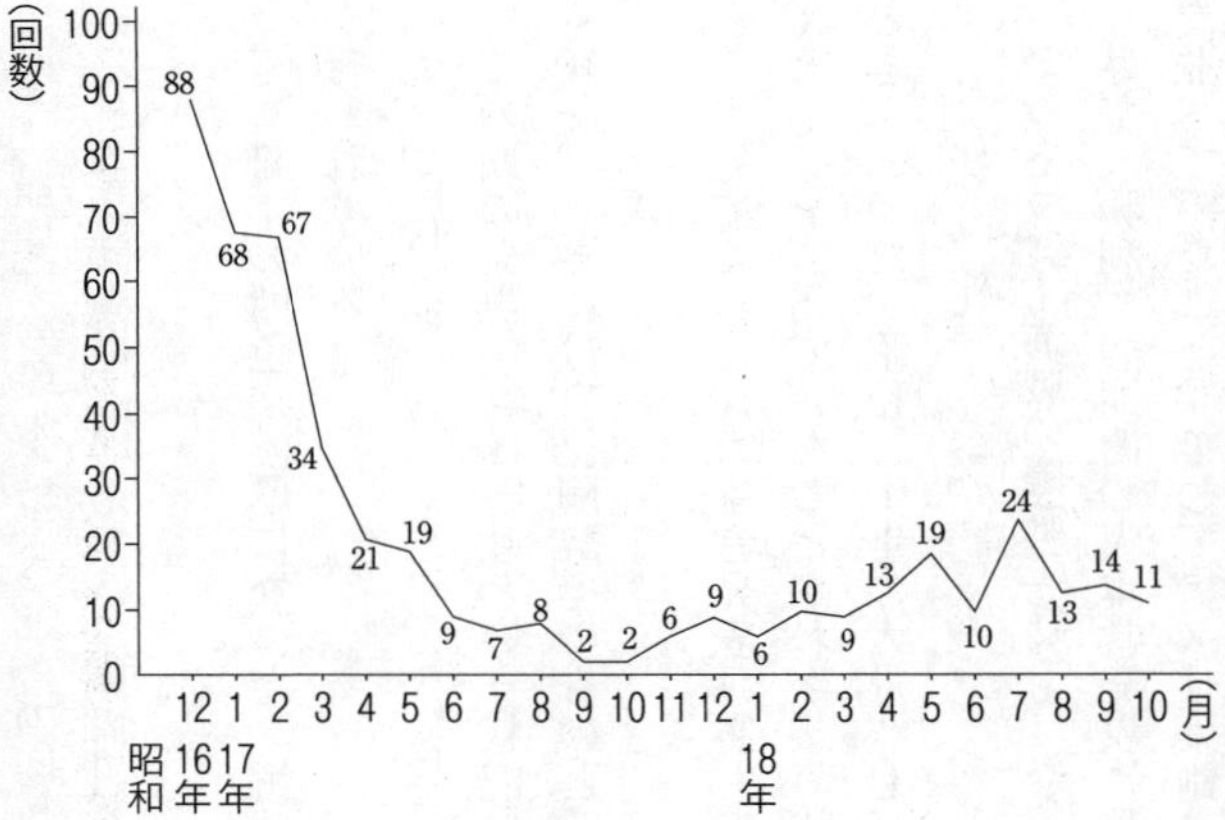

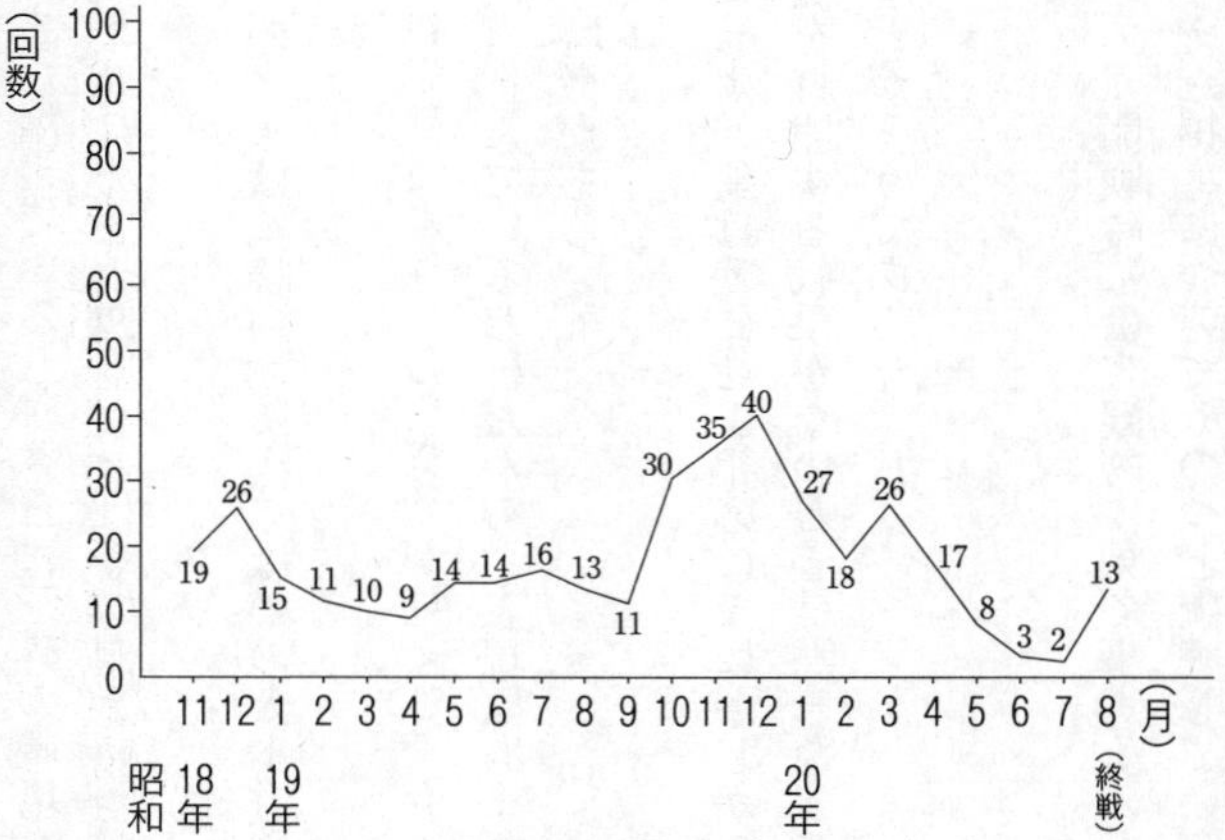

大本営発表　月別発表回数の変遷

（四）［崩壊］の段階に至るとその回数はまた増えているし、さらに玉砕の戦場を伝えるときには異様に増えている。昭和十八年七月の二十四回などはその例といってよい。

（五）日本の敗色が濃厚になった［解体］のときは［勝利］に次ぐほどの大本営発表が行われている。

（六）［降伏］期には、とにかく国民に情報を与えようとした意欲が見える。もっともこの期の発表内容は敗戦という状況につき進んでいるわけだから、表現はあまりにも曖昧、ときには自己陶酔そのものという特徴がある。

こう見てくると、大本営発表は勝ち戦にせよ、負け戦にせよ相応になにがしかのメッセージを伝えていたことがわかる。状況を打開する戦果がないときは黙したままのときもあった。昭和二十年の六月、七月などがそうであろう。

ミッドウェー海戦の隠蔽工作

さて［勝利］の期間の大本営発表について、開戦時には客観的に見て事実そのものを並べていたこと、そしてアメリカ側に与えた損害についてそのつど調査している旨を伝えるなど相応に誠実であったことを指摘した。発表文自体も短く、いってみればある種の奥床しささえもただよっていた。それがどのように変化したのだろうか。［挫折］［崩壊］［解体］のなかから例をひいてその実態を確かめてみることにしたいのだ。この節ではあえて［挫折］だけをとりあげておくことにしたい。なかでも、昭和十七年六月十日午後三時三十分の大本営発表をあげるのがもっともふさわしい。ミッドウェー海戦についての内容である。これは第三百二回目の発表である。

東太平洋全海域に作戦中の帝国海軍部隊は六月四日アリューシャン列島の敵拠点ダッチハーバー並に同列島一帯を急襲し四日、五日両日に亙り反復之を攻撃せり、一方同五日洋心の敵根拠地ミッドウェーに対し猛烈なる強襲を敢行すると共に、同方面に増援中の米国艦隊を捕捉猛攻を加へ敵海上及航空兵力並に重要軍事施設に甚大なる損害を与へたり、更に同七日以後陸軍部隊と緊密なる協同の下にアリューシャン列島の諸要点を攻略し目下尚作戦続行中なり、現在迄に判明せる戦果左の如し

一、ミッドウェー方面

（イ）米航空母艦エンタープライズ型一隻及ホーネット型一隻撃沈（ロ）彼我上空に於て撃墜せる飛行機約百二十機（ハ）重要軍事施設爆砕

二、ダッチハーバー方面
（イ）撃墜せる飛行機十四機（ロ）大型輸送船一隻撃沈（ハ）重油槽群二ケ所、大格納庫一棟爆破炎上
三、本作戦に於ける我が方損害
（イ）航空母艦一隻喪失、同一隻大破、巡洋艦一隻大破（ロ）未帰還飛行機三十五機

この発表から五日後の六月十五日午後四時三十分に次の大本営発表が行われた。これは第三百三回目の発表である。

一、曩《さき》に発表せるミッドウェー強襲に於ける戦果中に米甲巡サンフランシスコ型一隻及米潜水艦一隻撃沈を追加す
二、右強襲において撃墜せる飛行機は約百五十機なること判明せり

この二つが、昭和十七年六月五日から七日まで続いたミッドウェー海戦の報告であった。ミッドウェー海戦は、第一段階で真珠湾奇襲攻撃を始めいくつかの地域（前述

のように五つの地域となるのだが）での戦果に気をよくして、第二段階として大本営海軍部はミッドウェー島のアメリカ軍基地を攻撃して占領するとともに、アメリカ海軍の太平洋艦隊の動きを封ずるために決戦を挑み、その壊滅をめざした戦いであった。結果的にこの戦いは日本の連合艦隊の敗北に終わり、四隻の空母（加賀、赤城、蒼龍、飛龍）を失い、三千三百人の将兵が犠牲になった。とくに真珠湾攻撃に参加した優秀なパイロットを多数失ったのは、日本軍にとって大きな痛手だった。

ミッドウェー海戦の勝利を信じて、歓迎の宴を用意していた大本営海軍部の幕僚は顔色を失ってしまった。こうした敗北の様子について触れるのは本書の目的ではないので、詳細は省くことにするが、大本営海軍部の報道部員だった冨永謙吾の著した『大本営発表の真相史』のなかの次の一節を読んだだけで幕僚たちの衝撃ぶりがわかるだろう。

「（六月五日の）朝九時ごろ、作戦室に入った発表主務部員（保阪注・海軍部の報道部員をさす）は、室内の空気が重苦しく、いつもの顔ぶれが一言も語らず黙りこくっているのに気がついた。

電報を繰ってみると、一時間前にきたばかりの電報の文句が目に入った。わが眼を疑って読み返して見たが矢張り同じだった。

『敵艦上機及ビ陸上機ノ攻撃ヲ受ケ、加賀、蒼龍、赤城大火災。飛龍ヲシテ敵空母ヲ攻撃セシメ、機動部隊ハ一応北方ニ避退、兵力ヲ集結セントス』

誰も口をきかない理由が了解できた。

関係者は皆、昼飯もろくにのどを通らなかった」

この日から三日三晩、海軍部では作戦会議が続いた。大本営発表としては、原案として、我方の損害、「空母二隻喪失、一隻大破、一隻小破、巡洋艦一隻沈没」という案が検討された。報道部のこの案に対し、作戦部は強硬に反対を主張し、結果、空母一隻を失い、一隻を大破した、という妥協案で第三百二回の発表文が作成されたのだという。

ミッドウェー海戦のふたつの大本営発表はいずれも虚偽であった。とくにその数字は事実とはかけはなれていた。大本営海軍部の幕僚は、前述のように国民に虚偽を伝えただけでなく、天皇にも正確な内容を伝えていない節さえあった。陸軍部にもまた伝えなかった。陸軍報道部の部員種村佐孝が戦後になって著した『大本営機密日誌』には「知らせぬは当局者。知らぬは国民（報道部員を含む）」と書かれている。

つけ加えておけば、ミッドウェー海戦の敗北は、国民にはまったく知らされなかったにせよ、しだいに国民各層に日本の空母が壊滅状態になったとの噂が広まった。この海戦で生きのこったパイロットや水兵は、日本に戻ると幽閉状態におかれ、負傷で入院したパイロットなどは病院のカーテンを開くことさえ許されなかった。むろん故郷との通信なども許されない。真珠湾攻撃の第一次攻撃隊長だった淵田美津雄は、負傷して基地に戻り入院生活を送ったが、あまりの拘束ぶりに「われわれを犯罪者並みにあつかうのか」と激怒したともいわれているほどだ。

それほどの隠蔽工作を行っても、ミッドウェー海戦の惨敗は国民に洩れていったのである。

正確だったアメリカ側の調査

こういう噂の広がりを案じたのか、大本営海軍報道部の平出英夫大佐は、第三百二回の発表の夜に「海軍得意の差違へ戦法」と題してラジオで講演を行っている。ここで平出はミッドウェー海戦にふれながら、徹底した強がりをくり返す。国民はこのときはまだ大本営発表の内容程度しか知らされていないのに、いかにアメリカ海軍の機動部隊に打撃を与えたかをまくしたてた。平出のラジオ講演の原稿を改めて読んでみると、そこには「白を黒といいくるめる論法」があまりにも見事にあらわれている。たとえば次のような具合である。

「敵米の前進根拠地であるミッドウェーを空襲し重大なる損害を与へたことは大本営発表の通りであるが、さらに同方面作戦中の一部隊は同日（保阪注・六月五日のこと）敵の航空母艦を導き出し、これと猛烈な格闘戦を演じ『ホーネット』型航空母艦一隻を大破し、『エンタープライズ』を撃沈したのである。大破した『ホーネット』型航空母艦はその翌々日の七日にわが潜水艦をもってとどめをさし確実に撃沈した」

この平出の言は、大本営発表をなぞったかたちになっているが、まったくの嘘である。

そして次のように、その嘘を続けていく。

「我方の損害はまだ詳細に接せぬが本作戦を通じて敵航空母艦群との格闘によりないしは敵潜水艦によって航空母艦一隻を喪ったほか、航空母艦及び巡洋艦一隻大破、いまだ帰らざる飛行機三十五機の損害をうけた」

と補足したのだが、実際には未帰還機は四十二機であり、四隻の空母とともに二百八十機が海中に没したのであった。

平出はこの講演で、アメリカ側はいつもデマ宣伝を行うとして激しく批判している。その部分は少し長くなるが、大本営発表がいかに事実を糊塗したかを図らずも語っていることになるので以下に引用しておくことにしよう。

「アメリカは例によって敗戦を棚にあげひたすら大勝利を得たような事をならべ立てている、即ち米国太平洋艦隊司令長官ニミッツの如きは、『最初から日本の企図は期待していたところであって日本の戦艦航空母艦各一隻に損害を与へた』と言ったかと思うと、すぐ翌日にはこれを二倍にして『日本の戦艦、航空母艦各二隻に大損害を与へた』と宣伝し、さらにその次の日には『航空母艦二隻を撃沈、二隻を大破したほか戦艦三隻を撃沈した』などと戦果を無限に拡張して如何にも大勝利らしく宣伝にこれ努めているのである。しかしながらその宣伝がデマにすぎぬことは容易に判るのであって開戦劈頭におけるハワイの大惨敗を『損害は軽微であった』と宣伝した事実。又その後マカッサル海戦、珊瑚海海戦の宣伝ぶりに見てもアメリカのことであるからワシントン辺ではこのニミッツ宣伝に更に輪をかけたデマ宣伝が行われることと思う。

（以下略）」

平出は、このあと日本海軍は、多数の空母をもっているので、余力のない敵空母に「一艦一殺主義」でもかまわないほどの余裕があると見得を切る。そして日本の大本営発表は、戦果を拡大して伝えるアメリカのデマ宣伝と異なって、「我方はいつもの通りゆっくりと慎重に確実となった彼我の損害を逐次公表」しているともいうのである。あげくのはてに今国民に伝えている大本営発表よりも「敵に与《あた》へた損害は公表以上のものがあるようである」ともつけ加えている。

平出のこの言は、単に嘘というより、病的な虚言症に類する内容であった。むしろアメリカ海軍太平洋艦隊司令部は、ミッドウェー海戦について六月六日の段階で「未だ日本艦隊の主要な損害を公表する時期ではない」と抑え気味に発表しているし、六月七日には、確かにわれわれの勝利は達成されつつあるが予断は許さないとしつつ、「敵に与えた損害は航空母艦二隻ないし三隻を搭載飛行機全部と共に撃沈破した外、他の一隻ないし二隻の航空母艦を大破したものと認めている」

と正確な情報を発表している。

国民に徹底的に嘘をつく

平出のこの講演にもかかわらず、ミッドウェー海戦の惨敗ぶりは、国民には噂となって実態が知られていった。それに反撥したのか平出は、昭和十七年七月二十日（海の記念日）に、再び「海洋精神とミッドウェー海戦」と題してラジオ講演を行い、ミッドウェー海戦について弁明している。やはり大本営発表の正確さをくり返し、敵空母ホーネットに日本のパイロットたちは自爆攻撃で突っこんでいったと称えたうえで、「この魂のこもる必殺の猛攻が、あの輝かしい成績を収めたことを忘れてはならぬ。

この『撃滅せずばやまず』の一念で敵艦に自爆した勇士たちこそ、日本武士道の華、その誠忠は、万古不易の香りを戦史に留めるものであろう」

としめくくっている。

のちの特攻攻撃をにおわせるような内容でもあった。

ミッドウェー海戦の大本営発表は、その流れからいって［挫折］の第一幕の役割を果たしている。真珠湾攻撃時の大本営発表と比べてどのような特徴があるか、それを整理してみると以下のようなことがいえるのではないか。

（一）国民には徹底的に嘘をつく。
（二）その嘘をなんどもくり返す。とくに大本営発表そのものを正当化するために報道部員が前面に出て説明する。
（三）アメリカが嘘をつく、デマをとばすと関心をアメリカに向ける。
（四）情報の発信源となる現地軍は幽閉状態にするか、それとも玉砕を勧める。
（五）大本営海軍部は大本営陸軍部に正確な情報を伝えない。逆もまた成り立つ。
（六）大本営発表の嘘を補完するために皇軍兵士の武士道を称える。

こうしたことが即座に指摘できるだろう。昭和十七年六月の段階ですでに大本営発表の虚偽、誇張、隠蔽の方程式がつくられていたのである。それもきわめて狡猾《こうかつ》にである。

ここで重要なことは、大本営発表の嘘は陸海軍とも報道部の将校によって饒舌《じょうぜつ》に補完されたのだが、やがて新聞やラジオの記者や製作者、そして大日本言論報国会（後述）に吸収された言論人がその役を引き受けることになる。大本営発表の発表文が、記者たちの文語混じりの美文調によって飾られ、そして大きな見出しをつけられて紙面の大半を占めていく。むろんこの背景には、大本営陸海軍報道部の検閲制度があるのだが、それは表面上のことで、記者たちをはじめ言論人、文化人が率先して大本営発表の演出者になっていったといっていい。

国民は情報の途絶した空間のなかで、大本営発表という文字や音声に踊らされることになったといえる。しかし、そのからくりについては今なお正確に整理して理解しているとは思えない。依然として虚偽、誇張、隠蔽の方程式に踊らされる危険性が続いているのである。

第二章　大本営発表という組織

曖昧な組織

大本営発表を行った大本営陸軍報道部、大本営海軍報道部とはどのような組織なのだろうか。それを具体的に検証しなければ、その発表に含まれていた責任逃れの体質は理解できない。さらにこの組織はどのような軍人によって運営されていたのか、そのこともまた確認しておかなければならない。

昭和十六年十二月八日午前六時の第一回目の大本営発表は、「大本営陸海軍部」の名称で行われた。つまり大本営陸軍部と大本営海軍部の連名によって行われたのだ。両者はそれぞれ別個の組織であったが、この第一回目以降は陸軍部、海軍部がまったく別々に発表を続けている。お互いに調整することはなく、事前に、このような発表を行う、といった程度の連絡はしていたが、すでに第一章で指摘したように両者の関係は協調というよりは、対立抗争のほうが強かった。それが開戦直後の大本営発表ラッシュにつながったといってもよかった。

ここでいくつか確認しておかなければならないことに、たとえば「大本営」という語がある。この語は戦時に陸海軍の統帥を統一した最高機構の意味をもっており、日清戦争開戦の前年（明治二十六年）に戦時大本営条例（勅令第五十二号）として裁可された。この条例を正確に記せば、
「戦時大本営は、戦時において天皇が国軍を指揮する最高の統帥機構で、分立した陸海軍両軍令機関の戦時における関係を規定するもの」（『日本陸海軍総合事典』秦郁彦編）
であり、その後、戦時大本営条例は日露戦争の折りなどに一部手直しされた。要は戦時に陸軍の統帥機関である参謀本部と海軍の統帥機関である軍令部が総合的に戦略と戦術を練り、そして具体的な作戦行動を発令する機構ということだ。

昭和に入って、日中戦争が始まってから四カ月後の昭和十二年十一月に前述の戦時大本営条例に代わって新たに大本営令（勅令第六百五十八号）が裁可された。「戦時又は事変に際し（大本営は）設ける」ことができることになったのである。この大本営令は三条から成っていて、第一条には「天皇ノ大纛《たいとうか》下ニ最高ノ統帥部ヲ置キ之ヲ大本営ト称ス」とあり、天皇の大権である統帥権を戦時、あるいは事変時に陸軍と海軍が共通の組織（これが大本営というのだが）をもって戦略案や戦争遂行計画を練ることが

明記される。

この点についての説明は、「平時編制の参謀本部・軍令部が動員下令されて、戦時編制たる大本営陸軍部・海軍部となる」(百瀬孝著『事典 昭和戦前期の日本[制度と実態]』)という言い方をしてもいいだろう。ところが参謀本部や軍令部が消えてしまったわけではなく、それぞれ従来通りの建物で仕事をし、その仕事の内容もこれまでとは変わっていない。従って、参謀本部という看板のもとに、大本営陸軍部という看板が並列しておかれただけであったと考えても誤りではない。参謀本部の部員のほとんどが大本営陸軍部の部員を兼ねていた。

ではなぜ大本営という言い方をしてきたのか。戦争状態になったときには参謀本部と軍令部の統一した軍令が必要であり、なにより相互の連絡を密にすることが望まれたからである。だが、統帥権を付託された組織の責任者、つまり参謀総長と軍令部総長は、建前としては宮中に設けられた大本営の執務室に身を置くべきとされたが、実際には執務する場所もその内容も変わったわけではなく、参謀総長も軍令部総長も宮中には上奏以外で訪ねることはなかったのである。

こう見てくればわかるが、大本営といってもその実体はあまりにも曖昧で、その内

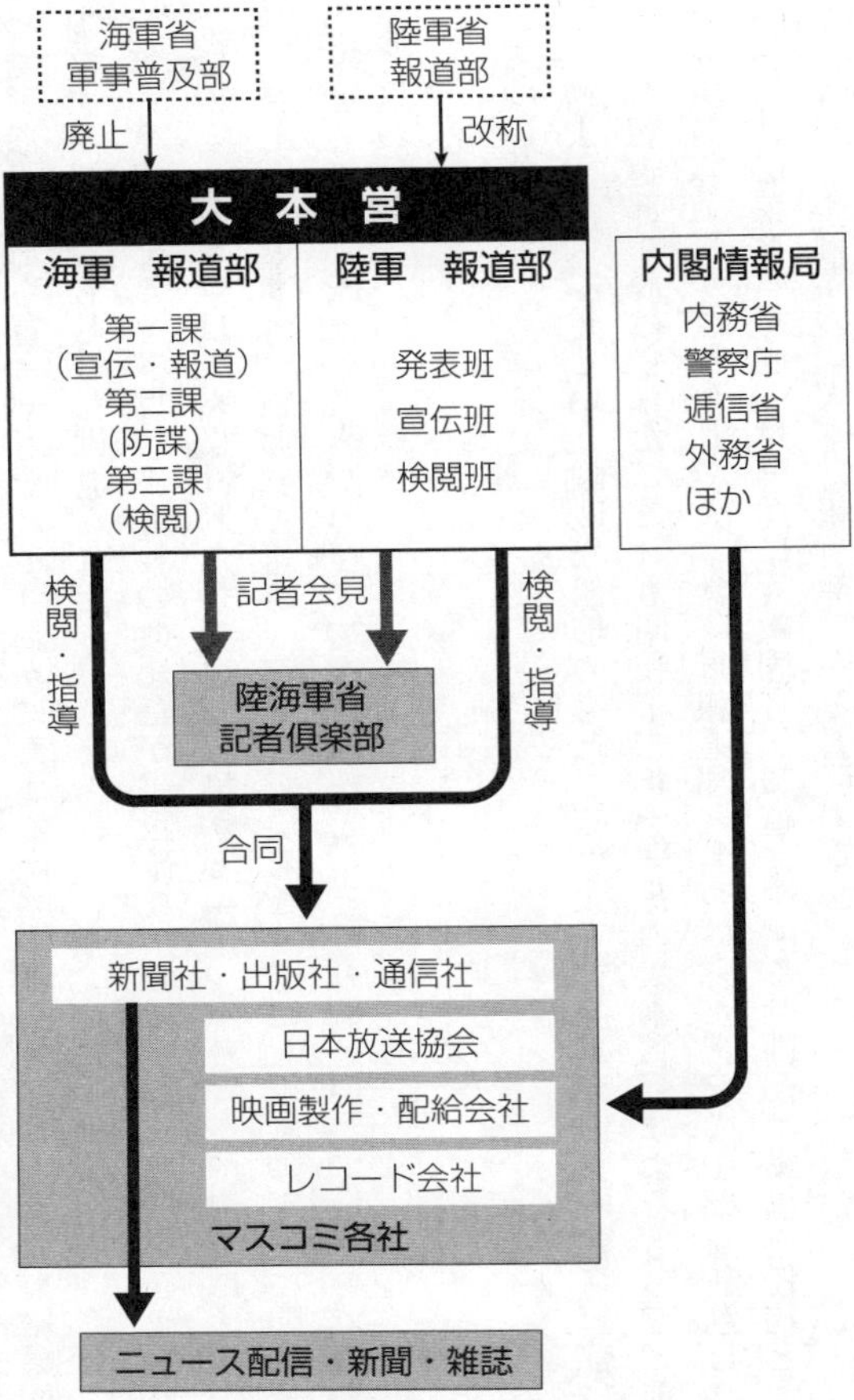
海軍省
軍事普及部
陸軍省
報道部
廃止
改称
大本営
海軍　報道部
第一課
（宣伝・報道）
第二課
（防諜）
第三課
（検閲）
陸軍　報道部
発表班
宣伝班
検閲班
内閣情報局
内務省
警察庁
逓信省
外務省
ほか
検閲・指導
記者会見
検閲・指導
陸海軍省
記者倶楽部
合同
新聞社・出版社・通信社
日本放送協会
映画製作・配給会社
レコード会社
マスコミ各社
ニュース配信・新聞・雑誌
大本営発表のシステム

部には陸軍と海軍の日々の調整機関もなければ、統一した見解を打ち出す機関もなかった。参謀本部も軍令部もそれぞれ別々に天皇に戦略や戦果を伝え、天皇が結果的に調整するケースもしばしば見られた。

第一章で見たミッドウェー海戦の敗北だが、正確な情報は東條首相にも伝えられていなかった。東條は上奏に訪れた折りに、天皇から「ミッドウェーで海軍は大変な損害を出したんだね」と言われて驚き、宮中から戻るとすぐに大本営陸軍部に問い合わせて、その損害を知ったという。このケースなど、その一例といっていいのではないかと思われる。

二つの報道部

このような大本営という曖昧な組織のもと、その大本営陸軍部、大本営海軍部にそれぞれ報道部が設けられた。これも昭和十二年十一月の大本営令によるもので、前者は陸軍省報道部が改称されて大本営陸軍報道部と名づけられ、その主要な任務は「戦争遂行に必要なる対内、対外並に対敵国宣伝報道に関する計画及び実施を任務とす」とされた。平櫛孝の『大本営報道部』から引用すると、

「大本営発表業務については、『発表の内容及時期、方法等は慎重顧慮、常時幕僚と

緊密に連絡し、以て軍機の秘密を保持すると共に我が国民の志気を鼓舞し、敵の戦意を失墜せしむるものとす』と規定されていた」

というのである。一方、大本営海軍報道部は海軍省軍事普及部を廃止するかたちで創設された。陸海軍報道部とも報道部長は少将か大佐で、部員は佐官クラスが六人、そのうちの三人は陸海軍省の職員（軍人）となっていた。戦時下ではこの定員が増大している。

初代の大本営陸軍報道部長は、大佐の馬淵逸雄だった。馬渕は部員に「報道部員の心構え」なる冊子を配布、このなかで十カ条を挙げ、報道部員のジャーナリストへの接し方や軍事をいかに理解させるかを説いている。その三項に「公明であれ」とあり、そこには、

「（報道部員は）何千万人か、何億万人の人の眼の前で仕事をしているのである。陰影は禁物だ。匿れたるより現わるるはなし。公明正大でなくては人はついて来ぬ。言論人は極めて潔癖で、又他人を待つに厳である。公平にして不偏不党でなければ、断じて言論人の信頼を博することは出来ぬ」（西岡香織著『報道戦線から見た「日中戦争」（陸軍報道部長馬淵逸雄の足跡）』）

と書かれている。

当初のこの心構えは、大本営発表のシステムには生かされなかった。

第一回の大本営発表時の陸軍報道部長は、昭和十六年十月に就任した大平秀雄で昭和十七年三月まで務め、その後任の谷萩那華雄は昭和十八年九月まで務めている。以後、十月から昭和二十年六月までが松村秀逸、そして七月から敗戦までは上田昌雄が務めている。

大本営海軍報道部もその目的や役割、活動の内容は陸軍報道部とほぼ同じであった。部長は開戦時が前田稔で、前年の昭和十五年十二月から昭和十七年五月まで、そのポストに就いていた。昭和十七年十二月までは小川貫璽、昭和十九年二月までは矢野英雄、昭和二十年五月までは栗原悦蔵が務めている。

つけ加えておけば、昭和二十年五月に大本営陸軍部と大本営海軍部の合同問題が取り上げられるようになり、その手始めにと報道部の統合が決まった。そして六月からそれぞれの報道部は大本営報道部に一本化されることになった。初代の大本営報道部長は陸軍から、副部長は海軍から出すことになり、それぞれ上田昌雄部長、栗原悦蔵副部長が決まったという。

表の業務、裏の業務

大本営陸軍報道部と大本営海軍報道部が行う業務は、戦時下にあっては大本営発表のほかに、陸海軍省記者倶楽部に詰めている記者との会見、従軍記者の取材窓口を始めとする戦時報道の便宜を図ることや軍事知識普及のための部員による講演活動、新聞や雑誌への寄稿などがあった。ときにはラジオへ出演して戦況について理解を求めるなど部員一人一人が国民に顔をみせて戦意昂揚を説くこともあった。だが、これは表の顔であって、陸海軍とも報道部の裏側の仕事としては、文化人を徴用して報道班をつくり戦場の兵士の慰問をくり返す際の人選、手配なども行っている。

そのほかに裏の顔として検閲があった。新聞や雑誌、映画、レコードなどあらゆるメディアが検閲の対象になっていたが、当初この役割を担ったのは、その内容ごとに内閣情報部、内務省、外務省など多岐にわたり、これらの関係機関が自らの担当する部門の情報について検閲を行うことになっていた。しかし、昭和十五年に内閣情報部は内閣情報局に改組され、他の官庁の検閲も一本化する体制に変わった。大本営陸軍報道部、大本営海軍報道部は、出版物の記事が軍機に触れているか否かを検閲することになった。

朝刊が深夜にそれぞれの報道部に届けられると、部員がチェックし、不都合と思われる記事や写真は削除を指示したという。そのうえで、「陸軍省検閲済」や「海軍省検閲済」という印を押す。大本営として判断ができかねる内容には「保留」の印を押して内閣情報局に任せたという。しかし現役の軍人によって、自在に検閲が行われていたのだから、その実体はどうあれ「軍部独裁のための言論弾圧」といっていいし、あるいは「戦争報道に客観性はなかった」ということにもなる。

太平洋戦争の開戦時、大本営陸軍報道部には二十人ほどの部員がいた。海軍部もそれに類するほどの人員をかかえていたが、それぞれ半数は内閣情報局に出向していた。一説では、大本営陸軍報道部は十人足らずで前述のような業務をこなしていたともいうのである。

開戦後には記者会見だけでも陸軍大臣、参謀次長、それに軍務局長らの会見が週に三回は行われていた。その準備が大変だったとも陸軍報道部員たちの回顧録には書かれている。つまり大本営陸軍報道部や海軍報道部の部員は国民と軍事指導部門との情報回路をつくり、そこに軍内の情報を流し、それが自分たちにとって都合のいいかたちで報道されるように監視していたということにもなるだろう。

言論弾圧の最前線

ここであえてつけ加えておかなければならないのは、軍人としての教育を受けてきた報道部員は、こうした情報回路、情報伝達、それに情報操作に対して、ほとんど無知の状態だったということである。私がこれまで陸海軍の将兵に取材を進めてきた体験からいうなら、戦争そのもののメカニズムの中心にある「戦闘」にかかわることが、軍人たちの充足感をもっとも満たし、そこから遠ざかれば遠ざかるほど彼らは不満をもつ傾向が窺えた。とくに秘書官や副官、それに報道にたずさわることなどは、あまりにも「俗界」に身を置きすぎるというので、いささか軽侮的な語でその存在を語られたりもした。

前述の馬淵逸雄が著した冊子「報道部員の心構え」の一項には「誠心誠意」とあり、「人はともすればこの仕事を水商売と云う。然し私は断じて泥水稼業とは考えぬ。これを水商売と考えたり、軍人の正業にあらずと人これを信じ、我又これに任ずるは、大きな間違いである」

と書いて自戒している。

もっとも「大本営」という組織に属していることは、〝エリート中のエリート〟の意味も含んでいて、陸海軍報道部員たちは「こんな俗界の仕事をするために軍人になったのではない」と嘆きつつ、軍令部門の肩章をつけて軍内に身を置くことでエリートとしての充足感も味わえたのだから、その心中はきわめて複雑だったことだろう。

なぜこのようなことを推測するかというと、報道部員が戦後になって著した書を読むと、たとえば平櫛孝の書（『大本営報道部』）には、次のような自省が書かれているからである。

「（報道に関する）学もなければ才もないやからが、わずか一年くらいの研修の後、そうそうたるベテランの新聞記者、雑誌記者を相手とし、時には、専門の学識者の座談会に列席して、底の浅い知識と教養を暴露したのだから、さぞ噴飯《ふんぱん》ものだったことだろうし、三十数年後の今日、自ら慚愧《ざんき》にたえない。大本営という虎の威を借りてうそぶいていたチンピラ狐の思いあがり行為を、深くおわびするばかりである。（以下略）」

正直といえば正直なのだが、メディアの側からすれば大本営陸海軍報道部の部員や情報局の職員に対して〝言論弾圧の最前線にいた抑圧者〟という意味もあって、内心では強い不信感や怨嗟《えんさ》の声があがっていたということになるだろう。戦後社会でその声がやむことがなかったために、平櫛のような弁明をせざるを得なかったのである。

メディアの側としては、大本営陸海軍報道部の軍官僚が、知識人が読む総合誌に口を挟んで姑息な手を打ってきたことがなんともがまんがならなかったのだが、しかしそのことを戦時下では口にできず、戦後になって具体的にその責任を問うている。後述するように、中央公論社の編集者だった黒田秀俊の『昭和言論史への証言』には、そうしたケースがいくつか紹介されている。

冨永謙吾の書（『大本営発表の真相史』）には、大本営発表とこれに関する報道内容については陸軍報道部や海軍報道部が検閲を行っていたために、これら二つの報道部は新聞社のなかのもうひとつの編集局のようだったとの一節がある。次のようにである。

「報道部は、事実上、各新聞社の編集局の仕事も持っているようなもので、ある記者が（保阪注・陸海軍報道部の）新聞主務部員に〝大編集長〟というニックネームをつけた位である。発表に力瘤《ちからこぶ》を入れすぎて、見出しの活字の大きさや、何段抜きの注文まで出して、あやうく〝整理部長〟の肩書をつけられそうになった部員もいた。

（開戦当初からしばらく）陸海両報道部はお互いに自分の方の発表や記事を効果的に扱わせるため、相手の大きな発表のない日を狙って、ストックを小出しにするのが恒例になった。発表回数の多い一つの理由であろう」

報道部員の側にとっては――つまり軍人にとってはということになるが――、軽い冗談のように思えたにせよ、「大編集長」というニックネームをつけられたことなどは、その根底に編集者たちの激しい怒りがあったと思われるが、軍人たちはそこに思いを馳せることはできなかったのである。

施された〝装飾〟

こうしたことを踏まえたうえで、ある日の新聞を抜きだして紙面のほとんどが大本営陸軍報道部、大本営海軍報道部主導によるものだということを実際に確かめてみることにしよう。

私の手元に、昭和四十五年七月に刊行された『復刻版新聞太平洋戦争（上下）』（読売新聞社・解説高木健夫、秋元書房刊）という書がある。三年九カ月のうちの主要な記事を掲載した新聞が原寸のままケースに入っているのだが、そのなかから昭和十六年十二月二十六日付の新聞を抜きだしてみる。このころの新聞は四頁《ページ》である。

まず気づくのは、全頁とも戦果を中心にした戦争の記事ばかりということである。前日の二十五日に四回の発表があり、その内訳は「大本営陸海軍部発表」が三回、「大本営陸軍部発表」が一回だった。陸海軍共同の作戦が多く、それが戦果をあげていたためであろう。この日の中心は、第七十五回目の「大本営陸海軍部発表・二十五日午後九時四十五分」で、香港陥落を伝えている（引用にあたっては新字体を使用）。

香港島の一角に余喘《よぜん》を保ちつつありし敵は我が尽夜を分たざる猛攻撃により本二十五日十七時五十分（午後五時五十分）遂に降伏を申入れたるを以て軍は十九時三十分（午後七時三十分）停戦を命じたり

一面にまず大きな横見出しが入り、「香港遂に陥落！英の牙城潰《つい》ゆ」とある。そのうえで一面の大見出しは、「敵、力尽きて降伏申入　昨夜七時三十分わが軍停戦令　攻撃八日・燦《さん》たり東亜解放」とあり、そして日頃の新聞活字の五倍はありそうな大きさで「大本営陸海軍部発表」の全文が紹介されているのである。それに続いて、「香港にて室伏、近藤、平澤三特派員二十五日発」というクレジット入りで、特派員の送信してきた記事が掲載されている。

こうした紙面を見ているとわかるのだが、大本営発表そのものはコア（核）を示すだけでそれに多角的な〝装飾〟が施されているということだ。つまり大本営発表だけでは味気ない内容なので、装飾をどのように施すかが大本営陸海軍報道部員の腕のみせどころといっていい。

そのことを確認するには、施される装飾を紹介しておくほうがわかりやすい。まず特派員電の全文を引用しておこう（句読点が一切ない。そのまま引用する）。

「香港は遂にわが攻撃下に慴伏《しょうふく》した午後五時五十分白旗を掲げた敵軍使が〇〇《ママ》のわが部隊本営に来りわが軍司令官に降伏を申出たのでわが方は同七時半全線に停戦命令を発したこれにより過去二回に亙るわが降伏勧告を無視し八日間に亙り無益の抵抗を試みたイギリス・カナダ連合軍もわが軍門に兜をぬいだ、わが戦線には勝利の鬨《とき》があがり夕闇迫る敵の堅陣ビクトリアピークに日章旗がへんぽんとひるがへった」

特派員電によって、降伏の模様が紹介されるが、その表現は確かに日本国民の感性を刺激するような書き方である。さらに重要なのは、「大本営陸海軍部報道部長談」が紙面の中央に「皇軍の前に堅塁なし　新嘉坡《シンガポール》マニラも同運命」と題して報じられていることだ。「談」といっても話し言葉ではなく、文語体でまとめられている。この談は報道部員によってまとめられていると思われるが、「大本営発表」がどのように補完されるのか、あるいは筋立てができあがっていくのか、を確かめるためにやはり全文を引用しておくことにする（句読点はほとんどつけられていない。そのまま引用することにしたい）。

「曩《さき》にわが南支方面陸海軍部隊は九龍半島を占拠《せんきょ》し海上を封鎖するや在香港無辜《むこ》の民に戦禍の及ぶことを　慮《おもんぱか》り武士道精神に基き香港総督に対し特に二回に及び軍使を

讀賣新聞

昭和十六年十二月二十六日

香港遂に陥落！英の牙城潰ゆ

敵、力盡きて降伏申入

昨夜七時卅分わが軍停戰令

攻撃八日燦たり東亞解放

屠れ米英 我等の敵だ

皇軍の前に堅壘なし

新嘉坡マニラも同運命

香港方面最高指揮官

陸軍 酒井隆中將、海軍 新見政一中將

大東亞に還つた香港

英制覇の野望水泡

蔣陣營に致命的打撃

ルソン島東部へ新上陸

西部リンガエン灣の大軍豪進

マニラ火の海

邦人廿八名救出

昭和16年12月26日付「讀賣新聞」第一面

派し情理を尽してその降伏を慫慂《しょうよう》したるも頑迷これを拒絶したるを以て、已むを得ず全島近代的に要塞化せる香港島を断乎攻略するの方途に出づるに決し、万難を排し昼夜を分たずこれが猛攻に努め来りたるところ敵はつひに力尽きて本日降伏を申出でたり、かくしてシンガポール、マニラと共に米英東亜侵略の三大拠点の一は早くも粉砕せらる、に至り、米英両軍は素より重慶側においても日本軍の香港攻撃においてとれる武士道的処置と一度日本軍にして膺懲《ようちょう》を決意するや世界に豪語する如何なる堅塁と雖《いえど》も忽ちにして撃砕せらる、事実とを静思すると共にマニラ、シンガポール要塞はいふに及ばず米英両本国もやがて来るべきその運命に対し熟慮三省すべきときなり
なほ米英両国屢《しばしば》次の要請に基き近時再三喧伝これ努めたる広東周辺における重慶軍の我が香港攻撃部隊に対する反撃策動の企図は完全に水泡に帰せるものといふべく、無敵皇軍の赴く所大東亜新秩序建設の旗幟《きし》翩翻《へんぽん》として飜へるを仰ぎ見るべし、ハワイ海戦マレー沖海戦の大勝に引続き今こ、に香港攻略を見る、われらはこの連戦連勝に酔ふことなく更に必勝の信念を堅持して大東亜戦争終局の目的完遂を深く期すべきなり」

　紙面の中央に活字を大きくして報じられる「大本営陸海軍部報道部長談」は、実はこの日の一面の心臓部にあたっている。なるほど大本営発表を読まされ、この談を読

まされると、国民は奮いたったにちがいない。しかも記事のクレジットにしても、「大本営陸海軍部発表」の大きさに比べて、自社の特派員電はすべてそれよりも小さい。ここから報道部の検閲ではクレジットの大小にまで口を挟んでいたことが逆説的に裏づけられていることがわかる。

自己陶酔から自己崩壊へ

前述の談を読んでいくと、ここには明らかに虚偽がある。その虚偽をもとに、日本側の余裕を示そうとの計算が働いている構成である。明らかな虚偽とは何か。「無辜の民に戦禍の及ぶことを慮り武士道精神に基き」という一節には、香港島攻撃そのものより、「武士道精神」という語の用い方が本来の意味とまったく異なっている。武士道精神というストイックな倫理をこうして安易に用いることで、日本の伝統的な倫理規範を歪めているのである。

大本営陸海軍報道部はしばしば武士道精神という語を安易に用いるが、この語を国際社会に誤って流布したという意味では、その責任が大きい。文化的な背徳行為だといいたい。

香港島攻撃にあたって、イギリス軍の防衛線を突破した日本軍は、その段階で狭い香港島のイギリス軍は降伏すると判断した。にもかかわらず、実際にはイギリス軍はそれに応じなかった。そこで二回にわたって降伏勧告をしたが拒否されたために、激しい戦闘になり、日本軍は苦戦しながらもイギリス軍を降伏に追い込んだのである。降伏勧告の背景には、非戦闘員を戦闘にまきこみたくないという大本営作戦部の判断があったのは事実であった。このことを吟味してみるならば、余裕がある場合には、非戦闘員をまきこまない、あるいは国際社会の批判をおそれる、といった理知的な判断を日本軍は有していたのである。

大本営陸海軍報道部長の談は、そうした判断を武士道と称しているのだが、そこにはあまりにも〝勝者の傲《おご》り〟があふれている。ひとたび敗戦という状態になれば、無辜の民を巻きこんで戦いを行っている事実について、どう言い逃れるつもりなのだろうか。

さらに「米英両本国もやがて来るべきその運命に対し熟慮三省すべきときなり」「無敵皇軍の赴く所大東亜新秩序建設の旗幟翩翻として飜へるを仰ぎ見るべし」といった表現なども、〝勝者の傲り〟、あるいは〝国民に客観的事実を見ないように仕向ける陶酔の言〟という言い方ができるのではないかと思う。

ここであえてふれておくが、前章で私は三年九カ月にわたる太平洋戦争を、「勝利」「挫折」「崩壊」「解体」「降伏」の段階に分けて論じたが、大本営の指導者は戦況が悪化していくにつれて、戦争を軍事の側から切りはなして、自己陶酔に堕した美学そのものの枠内で捉えていった。

客観的事実から目をそらし、主観的判断のみで軍事指導を行った結果（だからこそ三年九カ月も太平洋戦争を続けていたわけだが）、ある病理現象をかかえこんでしまったというのが私の見解である。この病理現象は〝妄想〟の類《たぐい》といっていい。つまり彼らは現実そのものから逃避してしまったのである。現実の姿に目をつぶり、自らが妄想している虚構を現実に置き換えてしまう――そういう状態になると、すべては主観主義そのものとなり、さらに自己陶酔という美学に落ち込んで、その充足感から抜け出せないためにやがて自己崩壊していくことになる。

ベルリンからの特電

戦況の変化につれて大本営発表の内容にも、そのような傾向が出てくる。大本営陸海軍報道部長談には当初からその種の文言が並んでいたことがわかる。

昭和十六年十二月二十六日の第一面の紙面はまさにそうであった。そして皮肉なことに、大本営陸海軍部発表（昭和十六年十二月二十五日午後九時四十五分、これは第七十六回目）は、「香港方面陸軍最高指揮官は陸軍中将酒井隆、海軍最高指揮官は海軍中将新見政一なり」と発表するのだが、ふたりの顔写真とその経歴を報道部長談と並んで大きく掲載している（一〇五頁写真）。やはり紙面の〝心臓部〟にである。報道部員による紙面編集への検閲がこのようなかたちになることを裏づけているかのようだ。

さらに補足するが、香港攻略が歴史的にどのような意味をもつか、その解説記事が左側に八段で掲載されている。「大東亜に還った香港　英制覇の野望水泡　蔣陣営に致命的打撃」という見出しが掲げられている。今や蔣介石率いる重慶政府の抗戦力は一気に落ちていったとの分析である。この解説自体は記者が書いたのか、あるいは大本営陸軍報道部の部員が書いたのかは定かでないにしても、いずれにせよ当時の軍事指導者の認識そのものであった。

この日の紙面の二面では、「大本営陸軍部発表（昭和十六年十二月二十五日午後四時四十五分）」が扱われているが、こちらは陸軍報道部が海軍報道部に対抗しての発表と思われ、「帝国陸軍部隊は各方面において敵を撃破し戦況有利に進展しつつあり、昨二十四日迄における戦況の概要左の如し」として、陸軍の目から見た「香港方面、比島方面、マレー方面、英領ボルネオ方面、グアム島占領」の戦果が列挙されている。二面のトップ記事ではあるが、それほど大きな扱いとはいえない。ただこの二面で関心を引くのは、左隅に四段の記事で、ベルリンの特派員から送られてきた特電と同盟通信電である（一一三頁）。「枢軸の完勝揺がず　独外相、わが大戦果絶讃」という見出しのもと、リッベントロップ外相が、日本の大戦果を激賞していると伝え、「今は平和を語るべき時ではない。われわれの為すべきことは飽くまで戦ひ抜くことである。世界最強の日独伊三国の結合に反対するものは必ず滅亡する」とも紹介している。こうした記事にふれた日本国民は、この戦争の行く末に安心感を持ったであろう。それこそが大本営陸軍報道部の意図していたことでもあった。

正常な判断を喪失させる四つの条件

次いで三面を開いてみる（一一三頁）。この面のトップ記事は、「香港陥落にこの苦心」とあり、「豪胆！敵前上陸に泳いで機雷原突破　決死隊を小池、伊藤両勇士が師範役」との見出しを掲げて、通常8ポイントの記事が、たとえば「難攻不落の香港島が陥落した」「凱歌の陰には世界のどの民族にも真似のできない日本精神の爆発があった」などという一節は10ポイントで書かれ、視覚のうえからも国民を鼓舞するような配慮が試みられている。この手法は昭和初年代に原理日本社関係の蓑田胸喜などがその著書で頻繁に用いていて、メディアの正統派ともいうべき新聞はめったに用いなかったのだが、このころには新聞でもあたりまえになっていたのである。

ある地を陥落制圧するときには、こういう武勇伝が社会面で無数に語られ、国民に喜ばれた。この記事の見出しに掲げられている「小池」「伊藤」というのは、ベルリンオリンピックの水泳に出場した「小池礼三君（慶大出）、伊藤三郎君（明大出）」のことで、機雷が敷設されている香港東岸にふたりが日本刀を背にして奇襲上陸の先陣を切り、続く日本兵は泳いで上陸に成功したというエピソードが詳細に報告されている。

この記事の隣には、「あっお父さんが！　歓喜の電撃・両将軍の留守宅」というタイトルで、酒井隆中将と新見政一中将の家族たちが喜ぶ写真が掲載され、「お父さんの話」ばかりが留守宅では続いていると、これまたこの武勲に喜ぶ姿がこれでもかこれでもかと紹介されているのである。

しかし三面のなかでもっとも重要なのは、中央右下に「万歳の爆発」「発表する富永少佐・声も震へる」という見出しを掲げて、大本営陸軍報道部の裏側を紹介している記事である。

その記事は次のように始まっている。これは報道部員と記者の関係がどのようにな

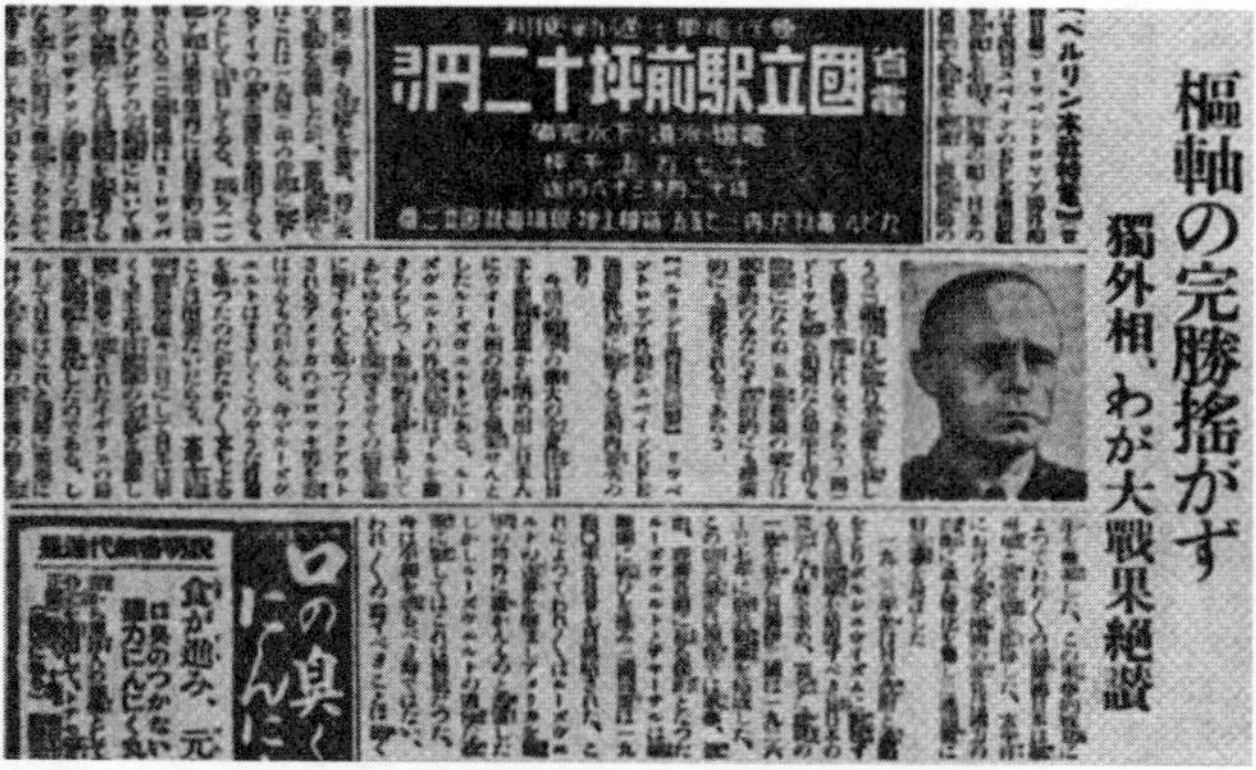

昭和16年12月26日付「讀賣新聞」第二面

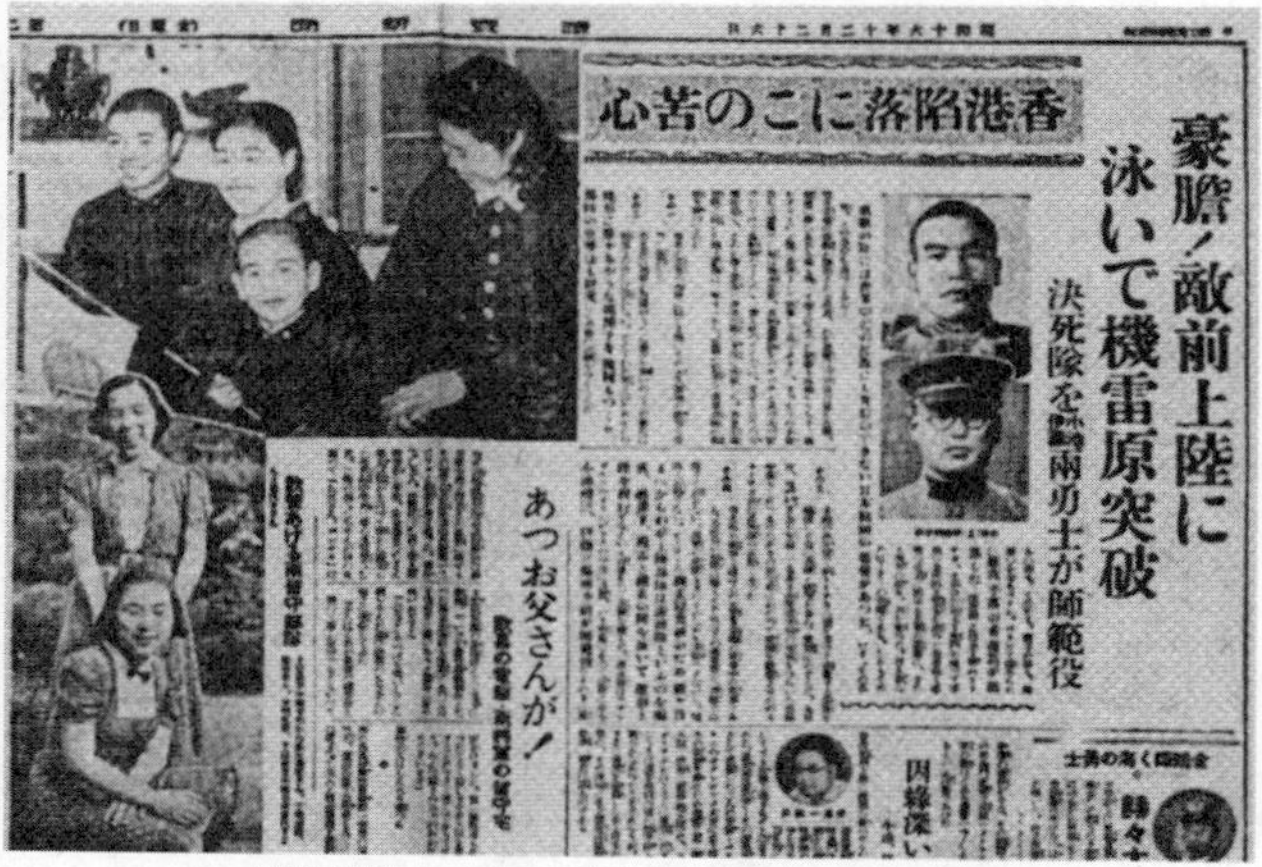

昭和16年12月26日付「讀賣新聞」第三面

っているかを確認するためにも、引用しておいたほうがわかりやすい。

「☆…『アッ香港陥落だッ万歳だッ』この快報が大本営陸軍部にもたらされたのは二十五日午後九時三十分、報道部にまづ凱歌があがった　当直の富永少佐、中島少佐が陸軍省の長廊下を横っ飛び、新聞記者室におどり込んだ、時に午後九時四十分『おいッ香港が陥ちたぞ…』第一声を放つと待機の記者団が思はず万歳の絶叫だ☆…やったぞ、やったぞと肩をたたき手を握り合ふ国民的感激の爆発だ、発表文を読み上げる富永少佐の声がふるへ、記者団の鉛筆がピョン〳〵とはねる、写真班のフラッシュがこの感激のうづの中にひらめいて日本ニュースのカメラが快音をたてる☆…発表が終ると記者室はまた万歳、けふの日に備へた冷酒が、コップに、茶碗に、なみ〳〵とつがれる、戦勝の祝酒だ、その勝利の盃をあげて『御苦労さま、兵隊さん、有難う、兵隊さん』と異口同音

ラジオの臨時ニュースに街から街へ歓喜の渦が伝って国民にとって寝るには惜しい勝利の夜だった」

このような戦況が入ってくるたびに、報道部員と陸軍省に詰めている記者たちは喜びをあらわしていた。陸軍報道部のこの興奮ぶりをあえて紙面で伝えることによって、新聞の側も報道部と二人三脚の関係で国民を煽《あお》った、こういう構図が浮かんでくる。

大本営発表の内容そのものが短文でしかなかったのに、それがこうして装飾を施されることによって、「聖戦必勝」の心理状態が国民の側につくられていく。来る日、来る日の紙面もそうならば、ラジオのスイッチをひねればすぐに臨時ニュースがとびこんできて「皇軍勝利」がくり返される。雑誌を読んでもそのような自己満足にあふれた戦果を讃える記事が中心である。これでは自らの核になる思想や信仰、それに倫理をもっていない国民は、異様な心理状態になるのはあたりまえではないかと思う。この心理は、換言すれば酔ったような状態、あるいは薬物中毒にかかったような状態と同じではないかと思われるほどだ。

私の見るところ、近代日本で昭和八年ごろから十五年ごろまでの〝日本社会という空間〟は正常な感覚を失った病的空間になっていたと思う。それが太平洋戦争を肯定する国民心理に転化していったと断言していいであろう。国民をこのような酩酊状態に似た、つまり正常な感覚を失った状態にするには、四つの条件で縛りあげれば苦もない。

その四つの条件とは、「教育の国家統制」「情報の一元化」「弾圧立法の適用」「暴力装置の発動」である。この四つの条件が社会で機能していないとき、その社会には健全さがのこっているが、機能するようになれば、国民はまさに〝羊〟になってしまう。

戦時下の日本はまさにこの通りだったのである。大本営発表はその異常さに通じるきわめて不気味な響きを伴った文字であり、音声であったことを理解しておくことが必要になろう。

大本営陸軍報道部や海軍報道部の将校は、日々「情報の一元化」に努めるのが主要な業務だった。それによって国民がどのように変化していくかなど、彼らもまた理解していなかったということになるだろう。

日本の敗戦を決定づけたサイパン陥落

ところで開戦からほぼ六カ月以内に、日本軍は破竹の勢いで南方要域に進出した。大本営陸海軍報道部とも、これまで指摘したように有頂天になって何度もその戦果を伝え、部員もまた個別にメディアに登場したり、講演会に呼ばれたりと活動した。紙面にも口を挟み、新聞社の側もそれに呼応するように自主規制を行うことになった。

さてそれでは、戦果があがらずに大本営発表をくり返す状態になったとき、大本営陸海軍報道部の将校たちはどのような態度をとったのだろうか。つまり紙面にはどういう方針で口を挟んだのだろうか。

日本がサイパン陥落を正式に認めたのは、昭和十九年七月十二日である。アメリカ軍がサイパンに上陸を始めたのは六月十五日だったから、日本軍は一カ月間ほどもちこたえたうえで玉砕したことになる。このサイパン陥落を大本営発表は最終的にどういうかたちで国民に伝えたのか、そのときの紙面はどのような内容になっていたか、前述の香港攻略時の大本営発表、また、その日の装飾の数々と比べながら、その内実を検証してみることにしたい。

このときの大本営陸軍報道部長は、松村秀逸である。昭和二十七年に松村は、『大本営発表』という書を著しているが、この書はいささか松村の弁明の言が多く、ありていにいえば、鼻白む思いがする内容である。しかしサイパン陥落については、表面上の動きは書いている。この松村書を参考にしながら、報道部長の果たした役割を整理しておきたい。するとと意外なことがわかってくる。

日本の敗戦を決定的にし、首相、陸相、それに参謀総長として軍政、軍令に実権をふるっていた東條英機が失脚する因になるサイパン陥落は、絶対国防圏の要衝の陥落でもあった。

この地にアメリカ軍が上陸したのは昭和十九年六月十五日の朝である。この日、大本営陸軍部に現地の守備隊から第一報が入っている。それは、

「本朝、米軍はカラバン南方の西海岸に上陸を企図せり。守備隊はこの敵を二回まで

撃退せるも、第三回目は上陸を許すの止むなきに至れり。米艦隊の砲爆撃の苛烈さは言語に絶するものあり」

という内容であった。この報は大本営陸軍部の作戦参謀に不安を与えた。十一日から十四日にかけて、サイパン島はアメリカ海軍の機動部隊に包囲されて徹底的な攻撃を受け、この島の樹木は焼失、地面が顔を出す状態になり、この島自体が丸裸同然になってしまったのである。そこへアメリカ陸軍第二十七師団の計六万三千人の上陸が始まった。これに対して日本軍守備隊は二万二千人。しかも戦力比は一対四十三、事実上の戦闘は十五日と十六日で終わった。あとは残存兵力がゲリラ戦を行うだけであった。

堀栄三の『大本営参謀の情報戦記』には、

「七月七日、師団長以下諸将軍が自決し、残存兵の万歳突撃をもってサイパン島戦は完了した。世界最強の日本陸軍と謳われた日本軍は、日本中の期待も空しく、わずか二日で敗れ去って、ここに精強日本軍の神話は脆《もろ》くも崩壊してしまった」

と書かれている。まさにそのとおりだったのである。

東條のゴリ押し

さて六月十五日朝のアメリカ軍の上陸を大本営発表はどう伝えたか。陸軍側は東條が「二回撃退したことを挿入して発表しろ」と強硬に主張して、そのような内容を盛りこんだ発表文を作成して海軍側に伝えたが、海軍側は拒否した。現実に撃退できるならともかく二回撃退などという表現は必要でないとはねつけたというのである。それを主張したのは軍令部次長の伊藤整一だったから、海軍側としても譲れない。面子と面子の衝突になった。

東條は陸軍内部の説得に耳を貸さない。

報道部長の松村が、

「二回撃退をいれるのがどうして不愉快なのか」

と海軍報道部に尋ねると、

「海軍の報道部としてはどちらでもいいんだが、作戦部のほうが反対しているんだ」

との言が返ってきたのだという。そこで松村は東條の前に進み出て、

「海軍側はご難続きだし、不同意なら、陸軍側の二回撃退は正式発表の中には、書かれなくても、よくはないでしょうか」

と説いたが、東條は応じない。そこで松村は、情報部長の有末精三と相談したというのだが、そのとき有末はどのように東條を説いたら効果的だろうかと松村に尋ねた

そうである。

その折りの松村の答が報道部の正直な姿を物語っているので、そのまま引用することにしたい。松村書からの引用である。

「何も大本営発表に書かなくても、各社は解説で二回撃退と書きますヨ。見出しに二回撃退と書くところもあるかもしれない。それに、二回撃退というのが、例の上陸直前にやってくる水中障碍物爆破作業隊のことを言っておるかも知れませんしネ。いずれにしても、御難続きの海軍が、二回陸軍が撃退したということを、そんなに気にするなら折れてやってもよいと思いますがネ」

この報道部長の言には、新聞には自分たちのいうような見出しをつけさせるから、別に大本営発表のなかに入れなくてもいいとの傲り、そして海軍側との間でささいな表現をめぐってもめていたとの事実が、正直にあらわれている。大本営発表というものが、つまりは陸海軍の妥協の産物、軍事指導者の間でほとんど得手勝手に利用されていたことだけは充分に窺えてくるのだ。

こまかい経緯は省くが、大本営陸海軍報道部は、結局「二回撃退」を文中で妥協した形で大本営発表を行っている。これが第五百七十九回の発表（昭和十九年六月十六日午前五時）である。次のような内容だ。

「マリアナ」諸島に来襲せる敵は、十五日朝に至り「サイパン」に上陸を企図せしも前後二回之を水際に撃退せり　敵は同日正午頃三度来襲し今尚激戦中なり

これが陸海軍報道部のお互いの面子をかけての発表であった。

サイパン陥落から発表までの空白

サイパン陥落までの大本営発表はつごう五回行われている。冨永書によるなら、「あ号作戦」（マリアナ沖海戦）での惨敗、サイパンでの激戦などが発表されているが、この間にも陸軍側と海軍側の間では発表文をめぐって激しいやりとりがあった。とくに海軍側はその損害を少なめに表現することにこだわり、それに陸軍側が抵抗した節もある。大本営海軍報道部の発表文に、大本営陸軍報道部は「世論の指導上、真相の発表を切望する」との附箋をつけて送りかえしたともいうのだ。

サイパンでは六月中は残存兵士がゲリラ戦を続けていたが、七月五日になって陸軍の守備隊は大本営に、七日を期して最後の戦いを行うと打電してきて玉砕した。冨永書には、

「太平洋戦における〝最大のバンザイ突撃〟が行なわれたのは、七月七日未明のことであった。『太平洋の防波堤たらんことを期し』サイパンの山野を鮮血に染めた将兵は、約九〇〇名をのぞいて全員(約二万九千名)であった」

とあり、日本軍の戦闘が絶望のなかに追いこまれたことを伝えている。

こうして絶対国防圏の要衝であったサイパンでの戦闘は終結することになったが、この終結が五回目の大本営発表となった。第六百回目にあたるが、まずその内容を以下に記して、これが翌十九日の新聞にはどのように掲載されたのかを見ておくことにしたい。

大本営発表(昭和十九年七月十八日午後五時)

一、「サイパン」島の我が部隊は七月七日早暁より全力を挙げて最後の攻撃を敢行、所在の敵を蹂躙《じゅうりん》しその一部は「タポーチョ」山附近迄突進し勇戦力闘、敵に多大の損害を与へ十六日迄に全員壮烈なる戦死を遂げたるものと認む

同島の陸軍部隊指揮官は陸軍中将斎藤義次、海軍部隊指揮官は海軍少将辻村武久にして同方面の最高指揮官海軍中将南雲忠一亦《また》同島に於て戦死せり

二、「サイパン」島の在留邦人は終始軍に協力し凡《およ》そ戦ひ得るものは敢然戦闘に参

加し概《おお》ね将兵と運命を共にせるものの如し

サイパン陥落からこの大本営発表まではほぼ十日余の時間の開きがあるが、なぜこの発表がこれだけの時間を有したのかについては、大本営陸海軍報道部の部員たちが戦後に著した書には書かれていない。だが容易に想像できるのは、この戦況を機に東條内閣更迭の動きが起こったことである。指導層の間において天皇もまきこんでの政治的駆け引きの結果、東條はやっとその地位をはなれることになった。七月十九日の朝刊を見てみると、まだ日本は不利ではない、といわんばかりの東條の言が大きく紹介されているが、この日の夕刻に東條は退陣している。

「国民総自殺をそそのかす」が如く

ところでこの翌日七月十九日の新聞を広げてみると、昭和十六年十二月二十六日の香港占領時の新聞と比べるとあまりにも沈痛な紙面であり、そして悲壮な文字が並んでいることに驚かされる。このころになると大本営陸海軍報道部の検閲ないし紙面指導があまりにも力をもちすぎているせいか、紙面全体が表面上は虚勢を張っているもののの、その実悲鳴をあげているようにさえ思えるのだ（一二五頁）。

まず一面のトップの見出しは、「壮・最後の攻撃旬日　敵に大損害与ふ　斎藤（陸）辻村（海）南雲（最高）三指揮官散華《さんげ》」とあり、この見出しの上に横抜きで、「サイパン将兵全員戦死す　戦ひ得る在留邦人も運命共に」とあるのだ。そのうえで本文はまず第五回目の大本営発表を掲げる。そのあとに、「陸海軍報道部長談」が十二段もの記事で説明されるのである。その見出しがすさまじい。「傷兵三千は自決し決死隊敵軍へ　噫《ああ》・陸海真に一体の血闘」というのである。ここから連想されるのは血染めの日本兵の絶望的な戦いである。

この「談」の隣には、「あゝ尽忠！サイパンの三指揮官」とあり、前述の三人の写真が並び、「輝く略歴」が紹介される。そして左下五段では「参謀総長に梅津大将」とあり、陸軍首脳の人事異動がくわしく報じられている。

この紙面の中央には、「東條首相談」という囲み記事で、「決戦の機来れり！　戦ひはこれから　一億決死覚悟せよ」という談話が掲げられている。

一面の紙面を見て気がつくことは何か。これは「読売報知」だけでなく、「東京朝日」や「東京日日」、さらには他の新聞にも共通していえることだが、このころの新聞はほとんど大本営陸海軍報道部の機関紙と化していたという事実だ。新聞社自体の主体性、独自の視点などは露ほどもない。官報そのものである。新聞がここにいきつ

サイパン將兵全員戰死す

戰ひ得る在留邦人も運命共に

讀賣報知

壯・最後の攻撃旬日

敵に大損害與ふ

三指揮官散華

南方を呑んで 石炭を掘れ

傷兵三千は自決し

決死隊敵陣へ

東條首相談

決戰の機來れり!

戰ひはこれから 一億決死奮起せよ

あゝ忠烈!サイパンの三指揮官

參謀總長に梅津

教育總監に杉山元

昭和19年7月19日付「讀賣報知」第一面

くまでに大本営発表そのものが、いや報道部員がいかに新聞を押さえこんでいったか、そのことを明確に示した紙面になっている。

この紙面の左側には、富士山と太平洋の波が岩に砕け散っている写真が、タテ二十二センチ、ヨコ十四センチという異様な大きさで掲げられ、「神州巍然《ぎぜん》たり　慟哭《どうこく》・霊峰に誓ひ新た」という見出しがある（左頁）。強いていえば、これが編集者独自の意思表示と読めないこともない。それにしてもあまりにも通俗的である。復刻版新聞を編んで解説をしている高木健夫（読売新聞、元論説委員）が興味のある指摘を行っている。

「どういうわけだか、イザというその時には新聞第一面に、富士山の写真をデカデカと掲載することが、一種のオマジナイか、流行のようになった。

たとえば元旦だとか、大東亜会議だとかには富士山の写真が出て〝皇道日本の象徴、霊峰富士〟とくる。

十九年七月十八日、サイパン陥落の大本営発表の日第一面にも、

決戦の機来れり！

戦ひはこれから　一億決死覚悟せよ

というまるで国民総自殺をそそのかすような東條首相談がのっているその横に、岩礁

神州巍然たり

慟哭・靈峰に誓ひ新た

【寫眞は太平洋の波濤を控て、靈峰富士を望む】

昭和19年7月19日付「讀賣報知」第一面より

に砕け散る波を前景に置いた富士山の写真がのっている。その見出しにいわく、
『神州巍然たり　慟哭・霊峰に誓ひ新た』

その誓いを新たにした〝霊峰〟は、サイパンが陥ちると、敵のB29の東京爆撃のための絶好の目標となり、水先案内の役目をはたしたのである。〝神州の霊峰〟は、いったいどちらに〝神風〟を吹かせていたのかわからない」

高木のこの指摘は、同時代を体験したがゆえに説得力をもっているのだが、歴史的時間を経て今これを検証してみると、確かに一国の首相が「国民総自殺をそそのかす」が如き表現に象徴されているように、二面、三面、四面はそのようなトーンであふれていることに気づかされる。そこで二面以降の紙面から任意に見出しを抜き出してみる。

「燃ゆ・復仇への闘魂　叩きつけん一億の戦力」「米鬼を粉砕すべし　武器なきは竹槍にて」「疾風、血刃の総突入　敵軍遂に大混乱」「体当り生産だ　神兵の如く『死ぬ覚悟』」「サイパンの痛憤　なほ足らず我らが努力」「最後の切札『若き力』」「勝利へ注がう三千年の純血」「死が即ち生」「水なく食なき悪闘　沸《たぎ》るこの怒り　在留同胞の敢闘偲ぶ」「じッとしてはゐられぬ　戦ふ町会工場　買物に費す時間も増産へ」……

三面にはタテ十二センチ、ヨコ十六センチの写真があり、飛行機の前で黙禱する人

この仇必ず討たん　中島飛行機工場にて＝陸軍省検閲済

たちの写真が映り、「この仇必ず討たん」という感情的な説明とともに「中島飛行機工場にて＝陸軍省検閲済」とある（上写真）。攻撃機を製造している飛行機工場では復讐心をバネにさらに増産に励んでいる、というのだ。

率直な感想をいえば、連日このような見出しをつきつけられていると異様な心理状態になるのも無理はない。それぞれの記事をこまかく分析していくなら、それ自体この心理状態が日本人の伝統文化のどの部分から発せられたのかを検証する資料になりうるし、東條英機の談話からは高木が指摘するように、その異様な心理を演出した最高責任者の心理的退廃が読みとれる。戦況が悪化すれば、いわば集団ヒステリー状態に陥ってしまい、かつてのように事実に対する謙虚さは露ほどもなくなっていることに驚かされる。

「木の葉を噛り蝸牛を食ひ」

この昭和十九年七月十九日の紙面で、「陸海軍報道部長談」として掲載されている談のなかにいくつかの注目すべき内容もこめられている。まず六月十二日からアメリカ軍機動部隊の激しい攻撃があったが、それを踏まえて十五日からの戦況について、「十五日未明敵は猛烈なる砲爆撃を開始七時頃その掩護下に三百隻以上の舟艇を泛水《はんすい》、一斉に同島西南海岸オレアイ付近に向って上陸を企図したのである、我部隊は直ちに之を邀撃《ようげき》、再度に亙りこれを撃退甚大なる損害を与へたが（以下略）」と説明している。このなかの「再度に亙り」という表現が前述の東條のこだわり（「二回撃退」）だったのである。松村はこうしてさりげなくそのことを明かしたのだが、全文を読むと、まさに肉弾攻撃まがいのことをくり返した日本軍がアメリカ軍の物量に屈していく様子について日時を追って説明されている。そこには、「皇軍の本領を発揮して肉薄攻撃、挺進攻撃等の壮挙を続行し中には飲まざること三日、木の葉を噛《かじ》り蝸牛《かぎゆう》を食ひ奮戦を続くるものあり」

とか、

「僅か十五名を以て数千の敵を突破し敵守兵少くも百五十名を撃滅し敵指揮所を覆滅し」

といった表現も含まれている。

このような表現は、本来なら大本営の作戦参謀からの現実を無視した戦闘命令を意味するのだが、そのような理解がゆきわたらないほど混乱していたのである。

そして「大本営陸海軍報道部長談」には、我航空部隊、海上部隊によって収めえた戦果が並べられている。「撃沈」には「航空母艦二隻、戦艦三隻、巡洋艦四隻、駆逐艦三隻、潜水艦一隻、艦種未詳二隻、輸送船二隻」が挙げられているし、「撃破沈」「撃破」でも二十隻余が挙げられている。「撃墜」は八百六十三機以上とされた。しかし、これらの数字はほとんどが虚偽であった。「撃沈」は一隻もなく、空母五隻、戦艦一隻が撃破された程度で、事実との落差があまりにも激しい。これは意図的な虚偽で、国民に幻想をいだかせてきたこれまでの発表をくつがえすわけにはいかず、嘘に嘘を重ねるくり返しになっていたのだ。

「大本営発表」はこうして嘘の集大成という道を転がっていった。大本営発表の発表文作成にあたっても、「二回撃退」にこだわって軍事指導者たちは時間を浪費しているだけだった。この間に戦闘そのものを停止して、捕虜になるように指示するとか、民間人だけでも保護するよう手を打つとか、いくつかの策を講じることもできたはずだったが、そのような考えはすこしも見えてこない。

大日本言論報国会

つけ加えれば、翌二十日の各紙もこれと同じで、東條内閣の退陣と小磯国昭・米内《よない》光政内閣の発足を伝えている。そして主観主義といっていい表現で戦況が語られている。歴史的に退廃しているだけでなく、道徳的にも極端にお粗末な内容だといっていいのではないかと思うのだ。

しばしば引用しているが、外交評論家の清沢洌はこの日（七月十九日）の日記に、「今朝の新聞は全面サイパンの記事だ」と書いて、「東京朝日」や「東京日日」、それに「読売報知」などで大本営陸海軍報道部のいいなりになっている文化人を鋭く批判している。

「例によって『誓い』や『決意』を語るのは徳富蘇峰、斎藤瀏、尾崎士郎といった連中である」

というのだ。清沢は、いくつかの新聞記事を日記に書き写している。よほど不愉快であったらしい。この日の夜も、徳富蘇峰がラジオに出演して国民を鼓舞しているのを耳にし、「東京朝日」の朝刊のトップ記事も蘇峰だった、と書いたあとに、「どうせ、軍報道部の指図だろうが、何という馬鹿馬鹿しいことだろう。この老人しか切り札がないのか。この恥知らずのお太鼓記者を――」と決めつけている。マスコミ事情に通じ、自身は大本営陸海軍報道部や内閣情報局からの圧力でどこにも原稿を書けない状態におかれながら、新聞やラジオが大本営陸海軍報道部に自在に動かされているのを熟知していたのである。この当時、清沢のような国民がどれほどいたのだろうか。ほとんど存在しなかったといっていいのではないかと思えるほどだ。

大本営陸海軍報道部の部員は、実際には今私たちが考えている以上に強大な権力をもっていたことがわかってくる。しかし、彼らが戦後になって著した回想録風の書には、自らの権力について深く自覚していないという特徴があるために、この強大な権力の内実がさほど伝わってこない。私自身、数少ないこれらの書（三冊ほどしかないと思うが）にふれて、彼らの自覚のなさに奇異な感がしていたのだが、清沢の『暗黒日記』などを丹念に読んでいくとその事情を容易に推測することができた。

彼らは文化人、言論人の生殺与奪の権を握っていたために、誰もがその権力を恐れて表面上は従順な姿勢を採ったのだ。清沢がいみじくも書いているように、徳富蘇峰は昭和十年代、もっとも先鋭的に国民の士気を鼓舞する役割を担った。言論界の長老として、明治初期の民権論の鼓吹者としての経歴がまったく汚れてしまうほどの役割を積極的に果たした。この蘇峰が会長となっていた大日本言論報国会は、大本営陸海軍報道部と一体となって戦時下の言論のリード役を担ったのである。

大日本言論報国会は、昭和十七年九月、内閣情報局が言論の有力者十二人を招いて、戦争協力を求めたのを機に誕生の気運が生まれた。当初は内閣情報局が前面に出ていたが、しだいに大本営陸海軍報道部との連絡が密になっていった。誕生のきっかけについて、詳細は不明だが、言論人の挙国体制を促したためという説が強い。当初は大日本言論家報国会などと名乗ったが、昭和十七年十二月二十三日に正式発足したときに大日本言論報国会という名称となった。その定款には、

「国体の本義に基き聖戦完遂のため会員相互の錬成を図り、日本世界観を確立して東亜新秩序建設の原理と構想とを闡明《せんめい》大成し、進んで皇国内外の思想戦に挺身することをもって目的とす」

とあり、まさに内閣情報局や大本営陸海軍報道部が後から糸をひいてつくらせた団体ともいえた。

この大日本言論報国会（以下、報国会）は会長に徳富蘇峰を据え、専務理事に鹿子

木員信、常務理事に井沢弘、野村重臣、津久井龍雄（のちに斎藤忠）とあり、理事、評議員に名を列ねる者四十七名、大体は前述の定款を諒解しているグループであった。この人選について、清沢洌は、

「会長徳富猪一郎（保阪注・蘇峰の本名）氏は依然として最高の論壇的地位を占めているが、専務理事の鹿子木員信は文筆をもって職業としている人ではない。理事の秋山謙蔵、匝瑳胤次、富塚清、中野登美雄、橋爪明男といった人々は教授、あるいは軍人であり、監事の住田正一氏は会社重役、船田中氏は商工会議所理事だ」（『文藝年鑑』昭和十八年版）

と書いている。

こうした経緯を紹介している黒田秀俊の『昭和言論史への証言』には、

「大日本言論報国会の構成は、ただちに言論活動の方式のうえに反映した。それは『八紘為宇《はっこういちう》』の現実的把握としての日本世界観の宣伝と国内思想戦の遂行であり、日本の思想界、言論界から、ほとんど知性というものを抹殺しようとするにひとしいものであった」

とあるが、まさにそのとおりだった。

内閣情報局や大本営陸海軍報道部は、報国会を利用して、内閣情報局発表の政府宣

伝、大本営発表の軍事的成果の装飾を行ったのである。新聞・ラジオで発表される大本営発表にもとづいて戦意昂揚や聖戦完遂を国民に向けて説くのは、報国会の幹部だったが、彼らは内閣情報局の官僚や陸海軍報道部の作成した原稿をそのまま伝えるだけだった。これは東條英機首相の秘書官赤松貞雄から私が直接聞いた話なのだが、「東條さんの議会演説の草稿は陸軍省軍事課などでまとめたが、それが日本語としての威厳を保ち、国民に説得力をもつよう手直ししてもらうため、私はいつも徳富蘇峰さんのところに通っていましたよ」

と赤松は語り、ときには軍の意向に合わせて原稿を書いてもらっていたことも認めていた。

言論人が大本営陸海軍報道部に屈したというより、言論人（あるいは言論人を名乗っている報国会の幹部）が率先して内閣情報局や大本営陸海軍報道部に身を寄せたということだろう。むろん言論そのものの優位性や近代社会での言論の存在を信じる人たち（これが本物の言論人ということになるだろうが）にとって、こうして身を寄せる人たちに対して憤りをもったのは当然であった。清沢洌の『暗黒日記』に登場する彼の友人たちの憤りは、つまるところ大本営陸海軍報道部の虚偽とその虚偽を装飾する人たちへの憤りだったということになるであろう。

横浜事件の真相

報国会が設立される背景に、もうひとつの別の理由があるとも考えられるのだが、そのことを記しておかなければならない。むしろこちらのほうが報国会の設立につながったのではないかと思われるほどだ。

昭和十七年九月に大本営陸軍報道部の部長である谷萩那華雄が、日本出版文化協会の機関紙『日本読書新聞』（九月七日発売号、「戦争と読書」）に原稿を寄せた。その稿は『改造』の八月号、九月号に掲載された細川嘉六の論文「世界史の動向と日本」について、これはその表現や思想から見て巧妙に共産党主義を宣伝しているという内容であった。大本営陸軍報道部が名指しで、特定の雑誌・特定の筆者を血祭りにあげたのである。

むろん谷萩が読んでそう判断したとはとうてい思えず、報国会の幹部に擬せられている誰か、ないしは報道部員が谷萩にそう伝えたと考えられた（後述）。その後、どのような動きが起こったか、黒田秀俊の著書（『昭和言論史への証言』）をもとになぞってみると、まず内閣情報局がこの谷萩論文に従って『改造』の八月号、九月号をすぐに発禁処分にした。それだけではなく、細川はこの論文が多くの人に読まれたという理由で警視庁に連行されたのだという。

細川に対するこの連行が、のちの「横浜事件」（昭和十九年七月に『改造』と『中央公論』が廃刊を命じられ、両出版社に解散命令がだされる。そのきっかけとなったのは、細川が友人の編集者たちと行った清遊旅行を共産党の再建運動とされた一件である）の伏線になっている。細川を共産主義者と決めつける動きが、大本営陸軍報道部にもあったということになる。もとより自由主義者といっていい細川に濡れ衣を着せるのは、報国会の側に立つ言論人らが意図していたことだろう。その意図に則《のつと》って、谷萩がひとたび発言するや内閣情報局や警視庁が動いて発禁にするということは、「大本営」という語がどれほどの重みをもっていたかを逆説的に語っていることでもある。

また谷萩はこの稿で、細川のような論者がまだまだ多いのだから検閲制度をフルに動かさなければならないと警告することによって、情報局や警視庁の言論取り締まりは生ぬるい、我々と同じように厳しくしろ、と促したということができた。報国会の定款はこうした事件を背景につくられ、「皇国内外の思想戦に挺身すること」を拒んでいるか否かの判断は大本営陸海軍報道部の部員に委ねられていたのである。それほど大きな力をもっていたというべきであった。

苛烈な検閲の実態

中央公論社の編集者であった黒田秀俊が、報国会ができた当時の検閲について体験的な苦衷を書いている。その部分を引用しておきたい。

「当時の日本の検閲は、非常識を通りこして狂気の沙汰とおもわれるまでに峻厳をきわめ、字句の末端にまで干渉して、修正や削除を要求した。しかも、それが、情報局の検閲だけでなく、陸海軍の報道部、警視庁の検閲課（記事の性質と内容によっては、そのほかに航空本部とか外務省情報部とかの検閲が必要であった）というように、縦横無尽に、網の目のごとくに張りめぐらされていたのである。だから、そのころのわたしたちは、雑誌を校了にして見本ができても、発売までの四、五日間というものは、たえず不安におびやかされ通しであった」

検閲は、それぞれの機関が恣意的に行うあまり、たとえば内閣情報局では許可されたのに大本営陸軍報道部では許可にならないこともあったという。国策に明確な方針がなく、そのときどきの状況によって思いつきで動くというのが、検閲の実態だったのである。

大本営陸軍報道部の部員だった平櫛孝の『大本営報道部』は、自らの行った業務について主だったことを書いているが、重要なことは書いていない。部員がどれだけの権力をもっていたか、そしてその権力をどのように用いたのかについてはさりげなくふれるにとどめている。それゆえに、というべきだが、往時を思うと若輩がいささか無理をいいすぎた、と巧みに逃げてもいる。

その平櫛書によると、平櫛は戦時下に入ると雑誌も担当し、月刊、週刊、季刊の各雑誌、機関誌、単行本の発行に関する窓口だったというのだ。当時、平櫛は三十四、五歳の若さで、出版業界全体に目を光らせていたことになる。そのため出版社にとっては、平櫛の目にかなうことがもっとも重要だった。戦時下以外では考えられないことだ。

平櫛は自らの役割について、

「それぞれの出版物の内容にタッチしたり、指導したりということはないというたてまえだった。（略）内容についての検閲を行なうのは、警察の仕事であって、軍の仕事ではないということになっていたが、各社のベテランは、軍の考えていること、軍の望むところ、はては報道部の嗜好まで先刻承知していて、その献立に異議をさしはさむ余地はなかった」

と書く。出版社の担当者はこの三十四、五歳の軍人に平身低頭していたのである。そのうえで平櫛は、なぜ彼らは自分にこれほど従順なのだろうか、

「それは、雑誌担当の私が、内閣用紙統制委員という宝刀を持っていたためであったのではなかろうか」

と認めている。

平櫛は月に一回出版社との会合を主宰し、そこで「A社の記事はよいが、B社の今月号はだめ」などと評定を下す言を口にしていた。それに出版社の側が平伏するというのは確かに「言論の敗北」という図である。

人間性を歪める肩書き

その仕返しということになろうか、戦後になって、前述の黒田秀俊は自ら著した著書（『昭和軍閥』）のなかで、前述のように陸軍報道部長の谷萩那華雄が、『改造』に掲載された細川嘉六の論文を共産党主義者の策動と決めつけた内側を明かし、谷萩をたきつけたのは、実は平櫛だった節があると記述した。黒田には何冊かの著作があるが、戦後になってもこの事実を明かすことに不安があったのだろう。この記述があるのは一冊のみで、次のように述べている。月一回の出版社との会合に中央公論から代表で出席していた黒田が、平櫛について語る件《くだり》である。

「なんの気なしに、寝ころんだままこの論文を読みはじめ、途中、思わず卒然として起きあがった。この論文で、筆者（注・細川嘉六）のいわんとするところは、わが南方民族政策において、ソ連に学べということにつきる。南方現地において、日本民族が原住民と平等の立場で提携せよというのは、民族自決主義であり、敗戦主義である」

と平櫛はまくしたて、そしてこれは共産主義者の策動である、これを谷萩に報告した、と話したという。黒田メモには、「専門家にも論文を審議してもらったところ、自分とまったくおなじ結論をえた」ともある。

平櫛は、「専門家」つまり報国会の幹部クラスの指示を仰いだわけである。黒田は、軍人と連携している言論人がいることをさりげなく告発していることにもなる。こうした「大本営発表の装飾屋」あるいは「大本営発表の提灯持ち《ちょうちん》」ともいうべき言論人が言論界に巣喰っていたわけだ。

大本営陸軍報道部の一少佐という権力者平櫛は、細川論文を共産主義者の煽動とまず決めつけたうえで、次のような態度をとったという。この点については、黒田の筆で描写した一節を引用したほうがわかりやすい。

「平櫛少佐はいちだんと語気をつよめ、〝このような論文を掲載する『改造』の真意を問いたい。返答如何によっては、即刻、雑誌の継続をとりやめさせる所存である〟

と難詰し、大森直道『改造』編集長の顔をにらみつけた」

たかが三十四、五歳の軍官僚が、五十代に入っているベテラン編集者に、「雑誌の継続をやめさせるぞ」と脅迫したのである。時代は確かに歪んでいたのだ。

大森はこの責任をとって退社した。

平櫛は自著のなかでこの黒田の文章をそのまま引用し、事実はこのとおりだったと認めている。「私には弁解の言葉もないし、また、加害者が弁解するのは見苦しい」と述べ、そして自省の言を書いている。

これらのことから、ひとつ重大なことがわかってくる。平櫛という軍人は本来善良な、いってみれば軍内でもバランスのとれたタイプだったのだろう。それが「大本営陸軍報道部」の肩書きをもって言論人と接しているうちに、いつのまにかその権力の大きさに溺れ威圧を続けた。それほどこの肩書きは、善人タイプの人間性さえも変えてしまう力をもっていたのである。それは前述のように、陸軍報道部長の谷萩那華雄にも通じていた。

発表文のつくられ方

大本営発表とはどのような手続きで作成されていったのか。ここで、それを改めて整理しておくことにしたい。開戦以来、戦地の第一線部隊から次々に入る情報は、大本営陸軍部、大本営海軍部とも作戦部によって重要度に応じてランクづけされ、重要情報は毎朝開かれる大本営の定例部長会議に回された。この会議には陸海軍の報道部長も出席することになっている。部長会議となっているが、陸軍大臣、参謀次長、海軍大臣、軍令部次長も出席して、戦況についての情報と見解を統一しておくわけである。

この毎朝の会議で、「大本営発表」として国民に伝えるべき戦果が選ばれ、それを陸海軍の報道部長がそれぞれの報道部に持ち帰る。報道部員は大本営の作戦参謀とともにどこまで情報を明かしていいのか、どのような内容にするのか枠組みについて打ち合わせを行う。このとき主導権を握っているのは、むろん作戦参謀の側であって、報道部員は直接には意見をいえない。戦況の全体図は作戦参謀がもっともよく把握しているからで、最終的に報道部が作成した大本営発表の草案には、作戦部の考え方が反映していた。陸軍報道部の場合、この草案を発表文とするには、参謀総長の諒解と軍令部総長の承諾が必要である。

海軍報道部もこれと同様の経緯で発表文をつくる。むろん軍令部総長の諒解と参謀総長の承諾を得なければならない。

「大本営陸軍部発表」や「大本営海軍部発表」の場合は、昭和十七年一月八日に「大本営発表」として一本化されるまでこの方法で双方がそれぞれ独自に発表文を作成していた。八百四十六回のうちの百六回まではこうした方法で行われたわけである。

昭和十七年一月八日以後とて、基本的にこの方法は変わらない。陸軍の作戦は大本営陸軍報道部が従来と同じ方法で発表文をつくってこれを、「大本営発表」とし、海軍の作戦の場合は大本営海軍報道部が独自に発表文を作成して発表したにすぎない。もっとも発表前には、双方が発表文を交換するために、末端の報道部員といえどもある程度はその内容がわかる。

しかし海軍報道部が参謀総長の、あるいは陸軍報道部が軍令部総長の承諾を求めるときに、ときに双方の間で不満が起こっても現実にはそれは黙認ということになる。口出しはできないというルールが確立していたのである。そのため双方の間で不満が累積していき、昭和二十年に入ると戦況の悪化ということも重なって、事実上「大本営発表」の発表文は事実を伝えられなくなったともいえる。とはいえ、このあたりのことは当事者の間でも明かされていないために、大まかな想像しかできない。従っていくつかの情報や証言を集めて「大本営発表」のからくりを暴いておくことは必要だと思われる。

「大本営発表」の一本化時代に入って、重要な戦闘では陸軍報道部と海軍報道部が共に打ち合わせて文案をつくるケースがあったが、その場合は文面や表現をめぐって衝突することもあった。すでに記したように、サイパン陥落時の「二回撃退」に東條がこだわり、軍令部次長の伊藤整一がそれを認めなかったのはその一例である。その場合は、それぞれの報道部長らが間に入って調整を試み、妥協案をまとめるかたちで作成、発表された。

こうみてくると、大本営発表の根幹にある体質は、きわめて〝人間的である〟ということがわかってくる。大本営自体が組織として機能的に動いていたのではなく、また、この作戦が重要か否かという判断で国民に戦況を伝えようとしたのではなく、要は「戦果があがれば発表、戦果があがらなければ虚偽の発表、それもできるだけ装飾を施すことで戦況の不利を隠し、敗戦が続くとなると沈黙」というだけのことである。そのため敗戦がくり返されると――それは昭和二十年五月以降ということになるが――ほとんど沈黙状態になっていった。「必勝の信念」とか「聖戦完遂」「勝利はあと一歩」、はては「大御心に副い奉り」などという空虚な語を吐くエネルギーさえも失ってしまい、むしろそれが国民の怒りを増幅させるという不安に捉われていた。

また、それまでこうした表現をあまりにも多用しすぎたために、最終段階では説得力を失ったことを自覚したのかもしれない。戦争も末期になると、「陸海軍報道部長談」も姿を消してしまう。そこにも陸海軍報道部の「嘘をつくのに倦《あ》いた」という姿勢を感じとってもいいのではないかと思えるほどである。

戦争末期の混乱

昭和十九年九月から昭和二十年八月十五日までの「大本営発表」の回数を改めて見てほしい（七七頁）。ちなみにこの時期は、私が区分した五つの段階の「解体」時にさしかかり、それがピークに達し、やがて「降伏」していく期間にあたる。

昭和十九年十月が三十回、十一月が三十五回、十二月が四十回となっているが、なぜこの時期にこれほど多くなったのか。大本営や内閣が、比島決戦の合い言葉のもとに「レイテ戦が天王山」というメッセージを国民向けに発していて、この作戦が戦勝か戦敗かを分ける最後の戦闘という意識があったからだ。加えて、この期には特攻作戦が始まり、特攻隊員が比島決戦の名のもとに次々と散華していった。そのことを「大本営発表」というかたちで報じながら、国民に「本土決戦」による「一億特攻」を促していたという意味にもなる。

昭和二十年三月に硫黄島の玉砕があり、この戦闘によって、日本軍は徹底した打撃を受け、戦局はすでに決着を見たといってもよかった。のこされたのは、日本はどのように敗戦への道を歩むのかという点につきた。大本営陸軍報道部も大本営海軍報道部も一本化して大本営報道部となったあとの五月、六月、七月になると、もはや「大本営発表」を行う心理的な余裕はなく、実質的には瓦解状態になったと分析するべきだろう。

鈴木貫太郎内閣も確かにこの時期は軍事ではなく、政治（外交）による戦争終結の方向を目指してもいたから、大本営発表それ自体はさほど意味がなかったともいえる。発表すべき内容もないうえに、この状況をどう乗り切るか、嘘もつけない状態になっていたといってもよいだろう。

昭和十九年十二月六日に大本営作戦部の部長に就任した宮崎周一は、大本営内部の様子が混乱状態にあることを肌身で感じたらしく、日記（『宮崎周一中将日誌』）に率直な感想を記している。昭和二十年一月十四日には、参謀総長の梅津美治郎から「報道ニ於テ信頼シ得ス」との言が発せられたことを書きとどめている。そのうえで、「ヨキ状況ヲ誇大ニ　時ヲ経レハ事実ハ不可トナル辺ヨリ　海軍側モ此点ニ注意」というメモをのこしている。日本にとって都合のいい情報を誇大に報じていても、時間が経れば事実が明らかになるのでは意味はないではないか、海軍側にもこの点は注意してもらわなければならない、という指摘である。大本営陸軍部の責任者の間でもこのような会話が交わされているのだから、大本営発表は着実にその役割を終えつつあったということもできる。

昭和十九年末の特攻攻撃から二十年八月までの大本営発表の戦果はほとんどが事実に反していた。虚偽というより事実の片鱗さえないことが報じられていた。「大本営陸海軍報道部長談」といった装飾もやがて消えていき、大日本言論報国会の幹部による空虚な礼讃記事もめっきり少なくなった。もっとも昭和二十年に入ると新聞自体が裏表の二頁しかなくなり、大本営発表を装飾しようにもそれだけの頁をとることもできず、まさに大本営発表そのものと内閣情報局の発表だけで埋まっていて、新聞というより政府や大本営の回覧板のような状態になっていたのである。「大本営陸海軍報道部長談」がまったく掲載されないということは、皮肉な言い方をすれば、彼らはすでに表舞台から姿を消していたということであり、大本営発表などまったく信用できないと自ら告白しているようにさえ見えるのであった。

軍内の政治闘争に利用

二頁となってしまった新聞が、大本営発表をどう伝えていたかを、昭和二十年三月二十二日の「読売報知」を例にひきながら語っておくことにしたい。この日の紙面は、硫黄島の日本軍守備隊一万七千名近くの玉砕、そして同島がアメリカ軍に制圧されたことを報道していた。

第七百九十三回目の大本営発表の内容は以下のようになった。

大本営発表（昭和二十年三月二十一日十二時）

一、硫黄島の我部隊は敵上陸以来約一箇月に亙り敢闘を継続し殊に三月十三日頃以降北部落及東山附近の複廓陣地に拠り凄絶なる奮戦を続行中なりしが戦局遂に最後の関頭に直面し「十七日夜半を期し最高指揮官を陣頭に皇国の必勝と安泰とを祈念しつつ全員壮烈なる総攻撃を敢行す」との打電あり、爾後通信絶ゆ

二、敵兵同島上陸以来三月十六日迄に陸上に於て之に与へたる損害約三万三千名なり

この硫黄島は東京まで千二百キロの地にあり、ここにアメリカ軍が基地を構えれば日本本土への爆撃は日常化していく。それだけに日本の早期降伏を狙って、アメリカ軍はなんとしてもこの地を制圧しようと強力な師団を送り込んできたのである。

二月十九日にアメリカ軍の上陸が始まり、三月十七日の玉砕までの一カ月間に、大本営発表は六回に及んだ（冨永書）。そのうちの五回目（全体では第七百八十七回目）は、三月十六日午後五時に行われた。硫黄島の戦況があまり芳しくないこと、日本軍守備隊の多くは壮烈な戦死を遂げていること、北部地域の一部では夜襲をかけ、「敵に大なる損害を与へつつありし」が、日本軍の損害もまた大きいことを伝えた。

そしてこの五日後の二十一日の大本営発表である。玉砕する旨の連絡があって以後は通信は途絶えたと伝える。悲壮な叫びがこの発表文には確かにあふれている。

「読売報知」の紙面はどのように編集されているだろうか（一五三頁）。二頁しかないわけだから、活字の大きさは全体に落としている。それでも一面の横見出しは「硫黄島遂に敵手に落つ」とあり、大見出しを挙げると、「最高指揮官陣頭に」「壮烈・全員總攻撃」「十七日夜半　爾後通信絶ゆ」とある。そして、大本営発表の前述の一文が大きめの活字で掲げられ、「一」と「二」を切りはなし、「二」の前に「敵損害実に三万三千」という見出しが掲げられている。

日本軍将兵は全員が玉砕したが、それでもアメリカ軍兵士に多くの損害を与えたといっているわけである。しかし冨永書によるなら、三万三千名というアメリカ軍の損害は事実と異なっていて、アメリカ側の発表では一万九千二百十四名（そのうち戦死者は五千五百十七名）だという。それにしてもアメリカ軍に予想以上の損害を与えたのも事実であった。

この大本営発表にもとづいて三つの記事が作成されている。ひとつは、「激闘一箇月尽忠を貫く」とあり、そこにはこの一カ月間の戦闘が比較的正確に書かれている。玉砕する兵士への追悼の意味があるということだろう。もうひとつは、「戦局・激湍《げきたん》の急調！　時は今・本土決戦態勢の強化」という見出しに象徴されるように、事態が悪化していることを認めている。

この記事は、

「硫黄島は遂に敵手に陥ちた、至尊在しますわが帝都から僅かに二、三時間の航空距離にあるこの島に敵基地の近迫を許した現在の事態は真に重大である」

で始まり、

「われ〳〵は今や帝国の存立を完全に防衛するためこの戦局の実相を何ら粉飾することなく勇敢率直にみとめ、国民一人一人が本土決戦の戦闘員たる確たる認識に徹すべきである」

と続いている。戦局の悪化を認め、本土決戦に国民の戦意を収斂《しゅうれん》させようという意味が込められている。

讀賣報知

硫黄島遂に敵手に落つ

最高指揮官陣頭に
壮烈・全員總攻撃
十七日夜半 爾後通信絶ゆ

敵損害實に三萬三千

續く手兵二百
激闘一箇月盡忠を貫く

最後の打電
栗林最高指揮官

魂魄となるも
捲土重來の魁期す

戰局・激湍の急調！
時は今本土決戰態勢の强化

二正規空母撃沈破
避退の敵機動部隊急追

特攻隊突入轟沈す
昨日もダメ押しの猛襲

小磯首相放送

一人まで戰はん
國民總出動近く決定

軍事特別措置法案成る
本土の築城、設營へ
人物を動員急速整備

決戰準備に邁進
杉山陸相が表明

軍事特別措置法案

第一豫備金廿億圓
緊急事態に機動的對處

昭和20年３月22日付「讀賣報知」第一面

この記事を読み進むうちに、この内容なら「大本営陸海軍報道部長談」と同じであるにもかかわらず、なぜそのクレジットを入れないのか不思議な感がする。いずれにせよ、大本営陸海軍報道部とも検閲しているに違いないからである。ところが末尾に意外な論が提示されていた。これまで新聞が、この期に次のような内容を書いたことはなかったのである。

「決断、断行！　三千年の政治常識を遥かに越えた戦争政治の断乎たる一新決行こそ、全国に盛り上る国民の大気概を結集して勝利への道を切り拓く唯一の鍵鑰《けんやく》たることをわが高級指導者は日々銘肝を新たにして一時間を争ふ本土決戦態勢の一大強化に挺身すべきである」（傍点・保阪）

　軍事指導者に要望するかのように装い、その実批判していると読める。もとよりこれは新聞社側が独断で書いた記事ではなく——もしこのような内容を書いたらすぐに逮捕されたであろうから——大本営陸軍報道部の意思だということがいえるだろう。断行、決行に欠けるという、言い方が何をあらわしているかは明らかだ。この期の陸軍内部の本土決戦の動きに通じているなら、この記事は間接的に参謀総長の梅津美治郎を批判し、前年七月に軍事権力から身を退いた東條英機の再登場を促していることがわかる。

このとき大本営陸軍報道部長だったのは松村秀逸だが、松村は自著のなかで東條を「果敢な実行力」の人といい、梅津に対しては「煮え切らないところがあった」と厳しく決めつけている。「読売報知」の記者が書いたかに見えるこの記事は、松村が──陸軍内部では敗戦必至のゆえに東條に再び登場を、と密かに主張するグループが多かった──暗に「梅津批判」に利用したとも受け止められるのだ。

私はこの推測に自信をもっているが、大本営発表は最後段階では──つまり「解体」のピークのときには──軍内の権力闘争に利用された節さえ窺えるのであった。松村はこの記事が掲載されてまもなく、内閣情報局第一部長に転じ、その後わずか二カ月余で広島の第五十九軍参謀長となっている。梅津から嫌われて東京から離されたと見るべきであろう。

昭和二十年三月二十二日の紙面でのもうひとつの特徴は、紙面の中央に囲み記事で硫黄島守備隊の最高司令官だった栗林忠道の電文が写真とともに掲載されていることだった。栗林はこの電文のなかで、多くの兵士を失ったあげくにこの島を守備できなかったことを詫びたうえで、

「特に本島を奪還せざる限り皇土永遠に安からざるを覚え、縦《たと》ひ魂魄《こんぱく》となるも誓って皇軍の捲土重来《けんどちょうらい》の魁《さきがけ》たらんことを期す」

といっている。この一節は活字も大きく目立つように組まれている。そして、永遠の別れを告げて、と辞世の歌を詠《よ》んでいる。

この紙面には悲愴感こそ漂っているが、すでにその勢いはない。いささか遠慮のない言い方をするなら、装飾の意図はあるものの、どこか投げやりな、戦争とは関わりのない倦怠感こそが浮かびあがってくるのである。

すでに大本営発表は［解体］していると思わせるに充分な記事であった。

引導を渡したアメリカ軍の空中ビラ

国民が大本営発表や内閣情報局の発表に、内心では倦いた、あるいは信頼を寄せなくなった、とする理由に、昭和二十年二月の末に始まったアメリカ軍の飛行機から投下される宣伝ビラの存在があった。日本上空に自由に飛来するアメリカ軍機は、全国各地にこの宣伝ビラを撒《ま》いた。八月十五日までの間に総枚数は四百六十万枚に及んだという説もある。

このビラには、日本国民を軍事指導者から切り離すための表現やアメリカ軍が次にどの都市のどの地域を爆撃するかの日程などが掲載され、日本の経済はすでに壊滅状態にあるとも知らせていた。とくに大本営発表については、政府や軍部が偽りのみを伝えていると決めつけ、実際の戦況や日本軍の被害状況を克明に伝えて嘘をあばきたてた。警察当局は、こうしたビラの内容はすべて謀略であり、デマの羅列にすぎないとして、見つけたらすぐに警察に届けるよう訴えた。しかし現実にこのビラで予告した地域に爆撃が加えられるとあっては、国民はしだいにビラそのものの正確さを信じることになったのである。

日本の敗戦後、アメリカ戦略爆撃調査団は日本との戦争で勝利した原因を確認するために、広い範囲にわたって日本国民へのインタビューを行った。調査団は膨大な報告書をアメリカ政府に提出したが、そのなかに「戦略爆撃が日本人の戦意におよぼした結果」という調査が含まれ、そこで、アメリカが行ったこの爆撃の予告通知を信じたか、という質問を行っている。この質問は、戦争末期に大本営発表とアメリカの宣伝ビラのどちらを信じたか、ということを意味していた。

その結果「日本側の報道が真実とは信じなかった。日本側の報道より爆撃はもっとひどかった」という回答が四〇％に達し、「はじめは真実と信じたがあとからは信じなかった」の九％、「真実だと信じた」の二七％、「わからない」や無回答の二四％を上回った。つまり大本営発表（「日本側の報道」）については、五〇％近くの人たちがまったく信用しなくなっていたのである。

さらに調査団は、宣伝ビラを投下した都市のなかから三十三カ所を選び、面接調査を行った。その結果として、面接者の半数が宣伝ビラを見たり、そのビラの内容について話を聞いていたという。日本国民のクチコミが広くゆきわたっていたのだ。このなかで「宣伝ビラの内容を覚えている」と答えた回答者からさらにくわしい調査を行い、「戦意の高い」層から「低い」層に分けて四段階に回答を分析すると、戦意の高い層ほど「ビラを信じない」（四七％）となるが、戦意をまったく失っていた日本国民は、逆に「ビラを信じる」（四一％）の比率が高い。とはいえ、全体に「ビラを信じる」「条件つきで信じる」が六〇％を超えている。

こうした調査結果をもとに考えるなら、大本営発表の虚偽と誇張、そして隠蔽を突き崩した一因はアメリカ側の宣伝ビラだったということができる。大本営発表がどれほど国民を鼓舞するための戦果を並べ立てても、そしてその発表にどれほどの装飾を施しても、国民の間には不信感が着実に肥大していたのである。

大本営発表はまさに「裸の王様」になっていたと結論づけることができるだろう。

第三章　大本営発表の思想

悩める知識人

大本営発表の発表文を読み続けていくと、奇妙な錯覚にとらわれる。私自身、なんどかその錯覚をふりきるために次々と資料にあたって、この発表はこの部分が虚偽だと確かめることがあった。

しかし、三年九カ月に及ぶ太平洋戦争について、まったく基礎知識をもたないまま、この大本営発表を読んだと仮定しよう。そうすると、日本はこれほど果敢に戦って、次々に相手に打撃を与えているのにどうして戦争に勝てなかったのだろうという疑問がわいてくる。実際に、日本軍が完膚なきまでに叩かれたという事実が浮かんでこない。もし今「抜刀隊の歌」や「軍艦マーチ」のCDでもかけながら、発表文を読んでいくと、日本はなんと強い国だろうと昂奮を味わうことができるだろう。ところがどうだ、現実には戦況はいっこうに勝利の域には近づいていないのである。

昭和十八年五月のアッツ島玉砕なども、大本営発表では広い戦線のうちのアリューシャン列島、そのなかのひとつの島で日本軍は玉砕してしまったという程度の内容である。これが日本軍の全戦線にかかわる敗北とはとうてい思えない。

しかし昭和十九年に入ると、客観的事実に謙虚なら、日本は必ずしも〝敵国〟に打撃を与えているわけではないと気づかされる。大本営発表によれば、本来数多くの戦果をあげているはずなのに、なぜ玉砕が続いたり、特攻攻撃をしなければならないのだろう、なぜ日本本土にアメリカ軍の飛行機が次々と飛来してきては爆撃弾の雨を降らすのだろう、そのような疑問を抱いているうちに、飛行機からアメリカ側の宣伝ビラが投下されてくる。

ビラには、「日本国民に告ぐ！　即刻都市より退避せよ」とあり、われわれは爆弾を投下する、都市から逃げ出しなさい、と勧める。そして実際に指定された時間に爆弾が投下される。

大本営発表とは一体何だったのか。私たちは騙《だま》されていたのではなかったか。ふつうはそう考えるに違いない。いやそう考える以外にどのような考えも浮かんでこないはずだ。しかし当時の日本人のなかには、まだ自分たちの努力が足りないからこのような状態になるのだ、と政府や大本営から叱られるような心理状態に陥った者も多い。

当時、このような時間の流れに身を置いていると、大本営発表が虚偽や誇張であったり、事実を隠蔽しているのだと考えること自体、不謹慎に思えてくるような心理的葛藤が起こるだろう。現実を理性や知性で見つめようとする知識人ほどこの心理状態との戦いをくり広げることになった。彼らは事実を見抜いているにもかかわらず、この戦いのなかでどのように身を処すべきか迷っていたのである。

当時（昭和二十年）、二十二歳の医学生であった作家の山田風太郎は、この一年間自ら綴っていた日記をのちに刊行（『戦中派不戦日記』）しているが、昭和二十年六月十七日の項に自らの心理を長文でまとめている。そのなかに示唆に富む表現がある。

「（この苦境をのりこえるために自らの心境を書きつづけているのだが）これを書いているうちに、妙に哀感が胸に満ちて来た。嘘をついているような気がして来た。ずっと前から、嘘ばかりついて暮らしているような気がして来たのである。自分ばかりではない。みな誰もかれも嘘ばかり叫んでいるような気がする。愛国の情は嘘なのか。嘘ではない！　どんなに惨めな、影の薄い日本人だって、日本が勝った方がよいと思っているにきまっている。しかし、五のことを十にいうのは嘘である。ビールをウィスキーというのは嘘である。要するに、誇張は嘘である」

「正直に言えば、自分は日本必勝と信じていない。客観的事実は、日本が次第に最後の関頭に追いつめられつつあることを証明している。また、降伏よりは死するに若《し》かずと鉄のごとく信じて疑わないほど死に無反応ではない。（略）死を見ることを帰するがごとき心境にはどうしてもなれない。これは本能である。けれども吾々はすでに嵐の中にいる。個人ではもはや自分で自分をどうすることもできない。ただ運命のなりゆきにまかせるのみだ」

大本営発表がつくりあげた嘘の世界、今自分たちはその世界に身を置いている。しかしここまできてしまったら個人ではどうにもならない。運命にまかせるのみだ――山田が辿《たど》りついたこの境地は当時の日本人の素朴な感情だったのではないか。また、こういう流れのなかに、今われわれは身を置いているとの苦衷が、大本営発表など信じない人たちにとって共通の感情ではなかったかと思える。

東條がつくった国民囲い込みの「外壁」

大本営発表の嘘がスタートしたのは、昭和十七年六月のミッドウェー海戦からだった。このときに、海軍の当事者以外でこの嘘に気づいたのは、陸軍内部の限られた参謀たちで、一般の国民は気づいていなかった。次がガダルカナル戦の敗北だが、これは昭和十八年二月の撤退によってより明らかになった。だがこのときも一般の国民で気づいていた者はいなかっただろう。私は昭和十七年六月から十八年四月にかけての期間を「挫折」というキーワードで語ったが、戦争の行く末が必ずしも楽観を許さないと受け止めていたのは、実は大本営作戦部の作戦参謀や大本営情報部の情報参謀たちであったはずだ。

むろん大本営陸軍報道部や大本営海軍報道部の部員とて気づいただろう。しかし、彼らは嘘をくり返すことで、逆に彼ら自身の不安を打ち消していたとしか思えない。もとより陸海軍を現実に動かしている軍事の最高指導者たちは、当然なことに楽観はできないとの焦りをもったにちがいなかった。その後、昭和十八年四月の連合艦隊司令長官山本五十六の戦死、五月のアッツ島玉砕と続き、やがて中部太平洋でのアメリカ軍の反攻と続いていく。こうなってくると大本営発表は正確な情報を伝えていないだけではなく、いってみれば嘘の世界へ入ったことを、大本営や陸軍省、海軍省の参謀や将校など軍事指導部は知ったはずで、そこには国民を欺く者どうしの奇妙な連帯感さえ生まれたのではなかったか。

ここで重要なことは、昭和十八年二月に開かれた第八十一帝国議会での東條首相の答弁にある。海軍出身の財界人で、貴族院議員だった伍堂卓雄に「この戦争の現状、そして将来をどのように考えているか」と問われた時の東條の答弁にこそ、国の最高責任者が大本営発表をどのように見ているかが明らかになっている。東條は次のように答えたのだ。少々長くなるが紹介しておかなければならない。

「一億同胞が必勝の信念を堅持して、光輝ある我が国体観に徹して、この大戦争を戦いつつある今日におきましては、私は敵側の如何なる思想、また宣伝、また如何なる謀略等も乗ずるの余地は、根本的にはないと確信しているものであります。政府はこの確信をもちまして、国際情勢その他に関しましても、出来得る限りは発表等もいたしてまいったのでありまして、現在の世界の交戦国におきまして、実は日本ほど発表をしている国は他にはないのであります。また戦況などに関しましては、帝国の大本営発表がいかに正確無比であるかは、これは既に世界周知のことであります」

「つぎに対外関係につきましても同様でありまして、大東亜諸地域の各国家、また各民族および欧州盟邦諸国はもちろん、中立諸国におきましても、今や帝国の機会ある毎に行う発表と、これが逐次事実となって具現しつつあるこの実状に鑑《かんが》みまして、帝国に対し大いなる信頼をおいておりますことは、誠に御同慶にたえないところであります。ただここに戦争指導上注意を要しますることは、国民の足並みを乱さんとする国内における悪質の流言蜚語《ひご》であります。政府は今後ともあくまでも国民を信頼し、作戦に影響のない限りは迅速に(情報)発表する一方、いやしくも国内結束を乱さんが如き言動にたいしましては、政府は毫《ごう》も仮借することなく、厳重なる取り締まりを行ってまいる考えであります」

「実はこの点につきましては、情況の進展、深刻化にともないまして、殊に必要なりと考えているのであります。私は元来、この英米を相手とするところの戦争において、施政演説におきましても申し上げましたるとおり、戦勝の確信につきましては、十分持っております。負けるものとは毛頭考えておりませぬ。ただ、しかしながら負ける場合は二つあります」

「それは一つはこの戦争の核心を成す陸海軍がピシャッと割れる場合であります。これは敗戦であります。しかしながら、この点につきましては私は毫末も心配しておりませぬ。何故にか、戦争を現に対象として、今真剣に戦いをやっている、この両者が、割れるなんということは思いも寄らぬことであります。第二の敗戦の場合は、国の足並みの乱れる時であります。これは明瞭に敗戦であります。したがいまして国内の結束を乱すべき言論に対しましては、徹底的に、今後も取り締まってまいるつもりであります」

作家の山中恒《ひさし》は、自著(『新聞は戦争を美化せよ！　戦時国家情報機構史』)のなかで、東條の答弁は、大本営発表に国民が疑いをもち始めたことに対する牽制《けんせい》の意味があると指摘する。そして、これほど情報を発表している国はないと自賛まじりに演説する東條を、「でたらめもいいところ、どこからそのような発言が出てくるのかわからない」と酷評している。確かにこういう見方はできるのだ。

大本営発表の流れを考えるときに、この東條発言は重要である。なぜ重要か。東條のこの答弁こそ「ある言語空間」をつくったときの〝外壁〟となっているからだ。つまりこの答弁は〝囲い〟を意味していたといっていい。

大本営発表が嘘の世界に入り込み、それを肥大化させていく。しかし東條は、これほど事実を正確に伝えている国はないと自賛する。どれほどささいなことでも正確に国民に伝えているというのだ。客観的にみれば嘘の世界を、東條は「正確無比」「真実」の空間と見ていることがわかる。だからこの空間にとんでもない噂を持ちこんだり、国内の結束を乱すような言動があればすぐに取り締まるとも断言する。もし日本が戦争に敗れるとするならば、この空間を支える大本営陸軍部と大本営海軍部の間に対立、抗争が起こったときであると言い、この空間のなかから脱出しようとする国民が多くなれば、やはり戦争は勝てないとも話したのである。

東條が決めたその枠組み、あるいは空間は、正確な情報がふんだんに流れているのであり、それを信じない国民の存在は許されないという意味になる。嘘を共有するのを拒む国民は非国民であり、それを取り締まる体制――いわゆる東條の「憲兵政治」

が始まったのである。

空虚な空間

ここまでの前提を踏まえたうえで、どのようなことがわかるだろうか。

もっとも単純な言い方をするなら、戦時下という特殊な空間とはいえ、大日本帝国は壮大な虚構帝国をつくりだしたという現実である。第八十一帝国議会で東條が行った伍堂議員への答弁をもういちどくわしく吟味してみるとよい。このなかでもっとも歪みの伴っている表現は、大本営発表の内容について信じるか否かということの前提として、

「私は元来、この英米を相手とするところの戦争において、施政演説におきましても申し上げましたるとおり、戦勝の確信につきましては、十分持っております。負けるものとは毛頭考えておりませぬ」

と東條が答えた一節にある。この一節は、指導者が国民に向けて安堵を促した言として読みすごしがちだが、実際にはそうではない。

「戦勝の確信がある」という自信の根拠はなにか、その根拠をどのようにして国民は納得しなければならないか、そういう具体的な事実は一切示されてなく、まず確信や

自信が強制的に命じられるのだ。

つけ加えておくが、この第八十一帝国議会――これは決戦議会といわれていた――において、東條は精神論に終始し、政党育ちの代議士たちを驚かせた。国際通《つう》で文筆家でもあった議員の鶴見祐輔から「首相のいう〝必勝の信念〟とは何を根拠にしているのか」との質問を受けたときにそれが露呈している。少なくとも論理的に誰もが納得できる根拠を示してほしい、との意味がこめられた質問であった。これに答えた東條の言で、その空虚さが証明されることになった。東條は次のように語ったのである。

「由来皇軍の御戦さは、御稜威《みいつ》の下、戦えば、必ず勝つのであります。これは光輝ある皇国三千年来の伝統であり、信念であります。吾々の祖先は御稜威の下、この信念の下にあらゆる努力を傾倒し、戦えば必ず勝って今日の帝国を築き上げてまいったのであります」

脈絡のないこうした言が次々と吐かれた。こうした答弁を許したのも、戦時議会の実態であった。この議会では、戦時刑事特別法改正案の審議も行われた。この改正案は、治安を害する罪の実行を認識ないし煽動した者の罰則を重くするのが狙いで、要は戦時指導を担う政府や大本営への批判を一切許さないという点にあった。むろんこの法案に、中野正剛を始めとして大政翼賛会非推薦議員は、「これでは国民は萎縮するだけではないか。心底からの戦争協力など覚束《おぼつか》ない」との批判を囁《ささや》いたが、東條は親軍議員を使って押さえこみ、強引に可決にもっていったのである。

くり返すことになるが、嘘で固めた情報空間のなかに身を置くように強制され、その情報のみを信じるよう押さえこまれ、そしてその空間に疑問をもつことも、そこから脱けだすことも許されないという社会では、どれほどの人間的退廃が生まれるのだろう。この空間に閉じこめられた国民は、嘘を信じてそこに身を託すことを命じられた、いわばロボットのごとき存在になるよう迫られたのだ。

第二章でもふれたが、こうしたロボット化した人間、クローン化した人間がつくりだす空間の怖さについて、私たちはもっと厳しい批判をもつべきなのである。先日、ある毒舌で知られる評論家は、「戦時下（あるいは戦前）は暗黒社会だったという言い方をするが、それはまちがいだ。そこにはやはり今の時代とつながる人びとの生活があった」などといった論を吐いていたが、それは前提となっているこの空間の虚構性に気づかずに、その虚構性のなかにも日常性があったと語っているのにすぎないのだ。もっと冷たい言い方をするなら、大本営発表の嘘や、その嘘を補完する装飾についても想像が及ばないほど鈍感であるということではないのか。

チャーチルは日本語をどう捉えたか

三年九カ月にわたる太平洋戦争には、［勝利］［挫折］［崩壊］［解体］［降伏］の五つの段階があったと私は記述してきたが、虚構の空間ではなかったのは開戦から六カ月ほどの［勝利］の期間のみであった。もっともこの期には、すでに次の段階を予測せしめる徴候が存在した。得意気に次から次へと作戦内容まで明かし、いかに「皇軍」がすぐれているかを説いていたが、それはなんのことはない、願望を不変の事実にすりかえて、虚構を生み出す伏線でしかなかったことがわかってくる。

この虚構の空間という現実を冷静に見据えたときに、大本営発表とは一体何であったのか、それはどのような意味をもっていたのか、を改めて理解しておく必要がある。むろん政治的、歴史的、心理的にそれぞれ深みの伴った分析ができるだろうが、「大本営発表」という一点に絞ったときになにがわかるのかを整理してみなければならない。

（一）この嘘の空間でどのような日本語が用いられ、どのような日本語が否定されたのだろうか。

（二）事実を見つめる客観的な目はいかにしてごまかされたのだろうか。

（三）戦争という現実を日本社会はどのように理解すべきと強制されたのか。
（四）この嘘の空間が生まれたのは、私たちの国の歴史にとって必然だったのか、それとも偶然だったのか。
（五）嘘の空間が最終的に辿りつくべきはいかなる地点だったのか。

この五点を検証することによって、私たちが理解しておくべきことは、二度と大本営発表という語がつくりだす嘘の世界を許してはならない、それは私たちの存在そのものに対する冒瀆であるとの強い信念でなければならない、ということだ。このことを確認するためにも、この五点について考えてみたいと思うのだ。

第二次大戦の戦時指導を担ったイギリスの首相W・チャーチルが、その著（『第二次大戦回顧録』）で明かしている次の一節にまず着目しておかなければならない。

「日本軍の計画は、非常に厳格だったが、計画が予定どおりに進行しないと、目的を捨ててしまうことが多かった。これは一つには、日本語というものがやっかいで、不正確なためだと考えられる。日本語は、すぐに信号通信に変えることがむずかしいのである。もう一つ重要なことは、アメリカの情報の取りかたが、非常に発達していて、敵が最も厳重に守る秘密を、はるか前に見破ることに成功していた」

チャーチルは、イギリスの政治責任者として、日本軍との戦闘における軍事戦略の立案にも関わっており、日本の軍隊の特徴をすぐに見抜いていた。つまるところは、情報戦略について多くの幼稚な点を発見できた、といっているわけである。とくに暗号解読を例に引きながら、アメリカもイギリスもすぐれた技術をもっていたが、日本語はまったく曖昧で、われわれヨーロッパ文化を理解する者にはとうていつかみどころのない言語体系をもっているというのである。

日本語について、あるいは日本の歴史についてなにひとつ知らない、とチャーチルは言っているが、日本軍の行動パターンや暗号解読の報告を受けるたびに、この国の言語はわれわれとはまったく異なると認識したともいう。チャーチルのこの感想は重い意味を持っている。

「日本人は人間の心をもたない動物」

さて、もうひとつ別な見方を紹介しておきたい。ジョン・W・ダワーの著書『容赦なき戦争』（斎藤元一訳）は、太平洋戦争の期間、日本とアメリカ両国でそれぞれどれほど「敵を憎む」という世論工作が行われたかを明かしている。戦時下（一九四四年十二月）では、アメリカ国民の一三％が日本の崩壊を望み、一三％が「日本人の全員殺害」を望んでいるとの世論調査の結果を紹介している。この書によるなら、日米双方とも「相手を殺害する」ことに痛みを感じない層が多く、お互いに憎悪を煽りたてるようなメディアの工作が激しかったと指摘できる。

そうしたことを前提に、ダワーの次の分析は相応の正確さをもっている。「連合軍にとっては屈辱の（開戦以来の）敗北の何カ月かで、日本人＝超人神話を生むことになった。日本人にとっては、天与の優越性を一度だけ確認した輝かしい勝利の日々だった。この間に戦後『勝利病』と呼ばれたもの、つまり無敵という致命的なうぬぼれが日本に現われた。最も慎重な軍事指導者たちでさえ、こうした甘い考えから免れられなかった。（略）こうした意見は、戦局が日本に不利に傾いたあとも長いこと持続した――日本の当局者が戦果についてかなり嘘をついたせいもあるし、神話が容易に滅びないせいでもあった。日本人は暗号を変えるべきときに変えなかったが、それは英米人が解読できるとは思わなかったからである。しばしば彼らは戦場に重要な書類を残したが、米英人にその読み方がわかるはずはないという考えに基づいていた。そして彼らは終戦まで、喜んで死んでいくことを見せれば見せるほど、連合軍に和平への歩み寄りを説得するより良いチャンスが訪れるものと信じ続けていた――あたかも連合軍の指導者たちは、大衆の憤怒や血の決済への渇望に留意しないかのようであった」

またダワーは、日本人は日本語という自分たちにしか通用しない言語でつくりあげた空間に溺れていたという。この空間にアメリカ国民は原始的な「人間不在」の特殊空間を感じとり、日本人は自分たちとは異質の価値観をもった人間とはいえない他の動物であると感じ、だからこそ彼らは日本人に残酷さや狂気を重ねあわせたというのだ。実際に「日本人は人間の心をもたない動物」といったキャンペーンが行われ、アメリカ人兵士は日本人を皆殺しにしなければならないとも説いた。むろんアメリカ国民がそれを受け入れるだけの残虐行為を日本軍が行っていたというのである。

チャーチルの率直な感想にしても、ダワーの指摘にしても、日本社会が日本語によって、その言語空間を狭めていて、そして戦争そのものをきわめて特異に解釈していたといっているわけだ。彼らは大本営発表の役割について直接にはなんら言及していないにせよ、いわんとしていることはまさにそのことであった。

あえて前述の五つの特異性を個別に分析するまえに、こうした事実を確認しておかなければならない理由がわかるだろう。この事実の背景にあるのは、日本語がつくる言語空間そのものが、日本人の本来の文化や伝統だったのか、それとも戦争という特異な状況に表出した特異なかたちであったのか、チャーチルにしても、ダワーにしても明確にはわからないとしていることである。

ただどうあれ、私たちは彼らが示しているこういう疑問にできるだけ誠実に答えておかなければならない。それが私たちの歴史的使命でもあると思うからだ。

ここで初めに結論から書いておくが、私は大本営発表がつくりだした言語空間は、私たちの本来の文化や伝統ではないという認識である。三百年弱の徳川幕府は、いうまでもなく武士階級の独裁政権であった。この政権がなぜこれほど続いたのか、それは一言でいうなら、「戦わないという知恵」を武士階級が身につけていたからだ。武士道はきわめてストイック、かつ高潔な倫理観だったと私は考えているが、そのことが近代の日本ではまったく逆に受け取られ、残虐で非人間的な行為そのものを武士道であると誤解せしめたことは、明治・大正・昭和の軍事指導者の愚かな理解であったとしか思えない。チャーチルの回顧録にも、ダワーの書にも、そして他の日本研究者の書にも、武士道に対する誤解がしばしば強調されていること自体、そのことを存分に物語っている。大本営発表がつくりだした異様な空間はまったく例外的だと思わざるを得ない例証の一つである。

［勝利］期に使われた言葉

さてそこで五つの条件を改めて考えてみることにするが、まず（一）について検討を加えたい。ここでは開戦当初の大本営発表のなかで、とくに「勝利」という期にあたる昭和十六年十二月八日から一週間ほどの間の発表文にどのような主語が用いられているか、そしてそれを受ける動詞、さらには目的語、形容詞はどうなのかを考えてみたい。

▽主語

「帝国陸海軍は」「帝国海軍は」「わが軍は」「帝国陸軍部隊は」「わが陸軍飛行隊は」「帝国陸海軍航空部隊は」「帝国陸海軍新鋭部隊は」「我軍は」「帝国陸軍は」「南支方面帝国海軍航空隊は」「帝国海軍艦艇隊は」「帝国陸軍現地部隊は」「〇〇航空隊は」「陸軍部隊は」「帝国海軍潜水艦は」「帝国海軍〇〇陸戦隊は」ほか

この段階での主語はきわめてそっけない。ほとんどのような形容句もつかず、陸海軍という大枠の主語が多い。むろん防諜上の意味も大きいのだろうが、できるだけ部隊名を曖昧にしている。現地部隊や新鋭部隊という語や、とくに伏せたいときは「〇〇」を用いている点に特徴がある。

こうした主語を見る限り、戦果のあがっているときは、事実を淡々と伝えることに意をそそいでいることがやはり確認できる。いってみれば、戦果をできるだけ忠実にのこそうとの意図があったということだろう。もうひとつつけ加えておけば、こうした主語に形容句がつくケースもあるが、それは「馬来《マレー》方面に作戦中の帝国陸軍部隊は」とか「香港要塞を攻撃中なりし帝国陸軍は」という具合に、部隊の動きを伝える程度にとどめていて、情感が伴う形容句は一切つけられていない。

▽述語

「入れり」「敢行せり」「拡張中なり」「政略なり」「全滅するに至れり」「損害を与へたり」「攻撃を開始せり」「成功せり」「占領せり」「攻撃準備中なり」「決したるものなり」「完了せり」「続々上陸中なり」「炎上せしめたり」ほか

真珠湾攻撃が不意打ちで、日本軍の一方的な攻撃に終わったため、動詞は過去形が多い。相手側にどれだけの被害を与えたかという点について、ここに掲げた動詞でその戦果を窺う以外にないのだが、一方で「攻撃中」という進行形の表現も多い。大本営発表の主役であった大本営陸軍報道部や大本営海軍報道部は戦果があがるのは確実と考えたのだろう、それらの表現からは余裕や得意さが浮かんでくる。

この述語の部分で、昭和十六年十二月十九日の香港島への上陸を伝える大本営陸海軍部発表（十二月十九日午前六時五十五分発表、これは第六十回目にあたる）のなかに「目下着々戦果拡張中なり、将兵の士気極めて旺盛、意気天を衝《つ》く」（傍点・保阪）という表現がある。こういう表現はきわめて珍しい。大本営海軍報道部の発表に苛立つ陸軍報道部が作戦のプロセスまでも積極的に明かして、こういう表現を用いることにしたのであろう。とくに「意気天を衝く」というのは、大本営発表のすべてを通じてほとんど見当たらない表現であることにも注目しておかなければならない。

▽目的語と形容詞（どのような「敵」に打撃を与えたかというときの相手方の表現を抜き出してみる）

「布哇《ハワイ》方面米国艦隊に」「北部英領馬来戦略上の大要衝○○を」「英国東洋艦隊、特にその主力艦に」「比島敵航空兵力ならびに主要飛行場を」「近代的装備を施せる半永久的築城陣地たるその本防禦戦を」「米国艦隊並びに航空兵力に」「敵飛行場を」「敵航空基地に」「比島の敵航空基地ニコルスフィールド、デルカルメン、カバナッアンに」ほかどのような敵にどういう打撃を与えたかについて、比較的くわしく明かしている。とくに地名や地域、ときに相手方の部隊名まで明かすことがあった。そして日本軍の対象になった地域、基地などには特別の形容句をつけていない点にも特徴がある。

それだけに、香港島のイギリス軍基地についての「近代的装備を施せる半永久的築城陣地たる……」などという形容句はこの段階では珍しい表現であった。大本営陸軍部の参謀は、香港を陥落させることにどれほどの情熱をもっていたかが裏づけられている。

以上が開戦当初の主語、動詞、そして目的語の特徴である。必要な字句で必要なことだけを語っている。ここから理解できることとして、大本営発表が権威を認められたのは、この戦勝の期間のみだったともいえるのである。発表の表現自体、相応の信頼性は勝ちとれる内容だったといっていい。結局はそれもほんのわずかな期間であり、しだいに軍官僚の責任のがれの表現にとって代わられていった。

[解体] 期に使われた言葉

［挫折］［崩壊］に続き、昭和十九年はまさに［解体］へと向かっていくのだが、次にこのなかでとくにそれが著しい昭和十九年十月終わりから十一月にかけての語句をとりだしてみたい。このころから特攻攻撃が始まっているからである。主語と述語、目的語、そしてそこにどのような形容句が用いられたかを確認しておきたい。

▽主語

「我航空部隊は」「我地上部隊は」「神風特別攻撃隊は」「我魚雷挺身隊は」「我潜水艦は」「我特別攻撃隊万朶飛行隊は」「我有力部隊は」「我艦隊は」など

この時期になるとすべてに「我《わが》」が使われている。「帝国陸海軍」とか「陸海軍」といった語にもすべて「我」がつく。勘ぐった言い方をするならば、国民一丸となっての意味を明確にしておくとのことだろうが、日本軍は決して敗れていないという認識を打ちだしているということにもなるだろう。

これに加えて、主語に形容句がつくことがあるのも特徴的である。たとえば次のようにである。

「五月下旬中支方面より次で六月下旬南支那方面より夫々作戦を開始せる我部隊は」

「浙江省金華方面より行動を開始せる我部隊は」
「レイテ島の我陸上部隊は」
という具合にどこに駐留する部隊であるかとか、どのような任務を帯びている部隊かなどを説明する。こうした表現は、日本軍の師団、連隊がそれほど損害を受けているわけではなく、戦線を縦横に動いて戦っているとのメッセージを伝えようと意図していたのだろう。

なおこの間に起こったひとつの出来事を記しておくことが必要である。昭和十九年十月二十一日午後七時に、第六百四十七回目の大本営発表が行われたが、これは台湾沖航空戦での〝虚構の戦果〟に、陸軍側から天皇に勅語の申請が行われ、天皇が許可したので下賜されたものである（第一章参照）。大本営陸軍報道部の部員が作成した勅語の原案は次のような内容だったという（藤本弘道『踊らした者　大本営報道秘史』）。

「大元帥陛下には本日陸海軍幕僚長を召させられ南方方面陸軍最高指揮官・連合艦隊司令長官・台湾軍司令官に対し左の勅語を賜りたり」

これを海軍側に回すと、海軍側は激怒して、この下書きのなかの一節を「連合艦隊司令長官・南方方面陸軍最高指揮官・台湾軍司令官」と直したという。この台湾沖航空戦は海軍の指揮下の作戦であるにもかかわらず、陸軍が一方的に勅語を願い出たのであり、加えて当時の軍令部総長・及川古志郎と参謀総長・梅津美治郎では及川のほうが軍歴が長いという理由からだった。

この順序をめぐって大本営陸軍部と大本営海軍部の間で、五時間にわたって応酬がくり返された。結局陸軍の言い分が通るかわりに「陸海軍幕僚長」の表現は「大本営、両幕僚長」とかわったそうだ。

この一件を見ると、この期には、陸軍・海軍の名を外している点に特徴があることもわかる。まさにこの国では外に連合国、内に陸軍と海軍の戦争が始まっていたことになる。

▽述語

「判断せり」「空襲せり」「撃破せり」「邀撃中なり」「損害せり」「奮戦中なり」「全機無事帰還せり」「撃沈せり」「損害軽微なり」「邀撃激戦中なり」「邀撃敢闘中なり」「上陸せり」「近接中なり」「邀撃交戦中なり」ほか

いうまでもなく、こうした語はすべて戦闘にかかわる語である。「勝利」期の述語と比べるとすぐにわかるのだが、日本軍が追いつめられている状況が容易に想像される。とくに、「邀撃」のあとには「交戦中」「奮戦中」「敢闘中」「激戦中」などの語が続き、こうした語を使い分けることによって、その戦闘の内容をそれとなく窺わせているのであろう。それぞれの語を意味どおりに解釈すると、アメリカ軍に徹底的に攻撃され、もはや戦況を一変させることは無理だという意味から、戦闘がまったく不利な状況で終始しているといった意味まで実に幅広いことに気づいてくるのである。

▽目的語と形容詞

「台湾及ルソン東方海面の敵機動部隊を」「比島レイテ湾内の敵は」「比島東方海面の敵機動隊並に輸送船団に」「中型航空母艦四隻を基幹とする敵艦隊の一群を」「有力なる艦隊護衛の輸送船団に依る約一箇師団の敵は」「機動部隊援護の下にルソン島西方海面に現出せる敵艦は」「潰走中の敵部隊を」「新たに来援せる敵機動部隊を」「九州及済州島に来襲せる敵機B29に」「タクロバン南方及トラック附近に上陸せる約三箇師団の敵を」ほか

日本側がどのような「敵」と戦っているか、そのことを具体的にあらわしてもいる。しかし比島決戦において、「比島レイテ湾内の敵は」というより以前の大本営発表では、レイテ湾に進入を図るアメリカ軍の機動部隊を攻撃して、撃退したかのようなニユアンスの発表が行われているが、その発表を丹念に読むと、実際には「敵」が「レイテ湾内」に入っていることもわかる。敵を明示することで、逆に戦果はあがっていると強弁しても、現実には敗れていることがわかるようにもなっている。大本営発表は事実を隠蔽できなくなっていたのだ。

同時にこのころになると、「敵」はどこにいるか、日本軍はどのような敵と対峙しているかよりも、敵の戦力がいかに大きいかが語られている。「有力なる艦隊護衛の輸送船団に依る約一箇師団の敵は」という言い方などその典型であろう。ほかにも「サイパン島に於ては集結中の敵大型機に対し」とか「敵機動部隊の一群は」という具合に、「敵」の兵力が巨大で、しかもそうした「敵」が次々にあらわれるかのような発表もしている。このように「敵」は巨大であると強調することの背景には、国民に決戦の覚悟を促すとの思惑や、その強力な軍事力に立ち向かう日本の姿に自己陶酔にも似た感情を培養するとの計算もあったのだろう。そこには、玉砕や特攻攻撃を正当化する軍事指導者たちの心理が反映している。個々の戦闘についていえば、日本軍が「敵」に損害を与えたといい――これも嘘なのだが――戦況全体についてはほとんど国民に伝えていない。木を見て森を見ず、の内容ばかりだということに気づく。このような発表内容は、この期以降さらに激しくなっている。

また情感にあふれた表現もときに用いられている。それは形容句の濫用によって表わされるという特徴がある。

神風特攻隊による攻撃は、冨永謙吾の『大本営発表の真相史』によるなら、昭和十九年十月二十五日から二十年八月十五日までの間に二百九十回に及んだという。昭和十九年十一月七日からは、陸軍特別攻撃隊も特攻攻撃を行っている。冨永は、大本営発表はこれらについて七分の一程度しか伝えていないとして、

「(大本営) 発表は戦果の確認されたものは、ほとんど大本営発表又は基地特電の形式で公表され、回数は七一回 (発表五四回、特電一七回) であった(戦果なし又は不明のものは一三八回)。発表文中、神風特攻隊と明記されたものは、全体を通じ四〇回程度である」

と明かしている。

神風特攻隊が初めて国民に知らされたのは「昭和十九年十月二十八日午後三時」だが、まだ陸軍が特攻作戦を行っていなかったためか、大本営発表ではなく、「海軍省公表」という名称で連合艦隊司令長官豊田副武の名によって明らかにされた。この「公表」は、「神風特別攻撃隊敷島隊員に関し連合艦隊司令長官は左の通《とおり》全軍に布告せ

り」で始まり、海軍大尉関行男ほか四人の名が挙げられている。関らがどこでどのようなかたちで「敵艦隊」に体当たりしたのかについて、次のように説明している。「敵艦隊の一群を捕捉するや必死必中の体当り攻撃を以て航空母艦一隻撃沈同一隻炎上撃破巡洋艦一隻撃沈の戦果を収め悠久の大義に殉ず忠烈万世に燦《さん》たり仍《よ》て茲《ここ》に其の殊勲を認め全軍に布告す」

「必死必中」「悠久の大義に殉ず」「忠烈万世に燦たり」という語は、その後の特攻攻撃のなかでも用いられている。とくに「必死必中」という語はしばしば用いられているのである。

つけ加えれば、特攻第一号を報じたこの「海軍省公表」は、十月二十九日の朝刊各紙で報じられた。この日の紙面には大本営発表がまったくない。その分、日ごろの大本営発表という文字が醸しだすイメージについて逆に知ることができる。紙面には戦争のもつ軍事的な殺伐さがなく、むしろこの世とは別の死を賛える幻想の空間に通じる不気味さが、真実味を伴ってただよってくるように思えるのである。

原爆投下報道をめぐる混乱

説明が長くなったが、前述の「(一)この嘘の空間でどのような日本語が用いられ、どのような日本語が否定されたのだろうか」を検証してみると、以上のようにいえるのである。日本語のもつ曖昧さがかもしだす「仮想現実の空間」、そして現実が伝わってこない「思いこみの空間」が、［解体］の段階では極大にまで達したということになるだろう。

次の「(二) 事実を見つめる客観的な目はいかにしてごまかされたのだろうか」については、(一) のことを踏まえればすぐに気づく。

太平洋戦争時の日本の社会では、客観的な事実は存在しなかった。極論すれば「生か、死か」という実に単純な次元で軍事指導者、そして国民は連合国と戦い、客観的に自己をふり返る余裕もまたなかったということだ。そのことは日本では、「敵」の存在を憎む、「敵」の存在を全否定して戦争を行う、というかたちで表われた。

だが、大本営発表と大日本言論報国会を中心とする〝装飾グループ〟が描き出した虚構の世界は、最終的には敵のみならず自らの存在さえも抹殺する危険性も秘めていた。大本営発表のその嘘の社会はいつか現実によって解体される宿命をもっていたのである。

当然であろう。「敵」に勝つということが、現実の力関係からみて不可能になればなるほど、目の前に迫ってくる現実を認めないという姿勢に通じているからである。

夢を見ているなら、目が醒めれば現実に戻ればいいのだが、夢が現実なのだから、現実が自らの身に深刻に迫ってくるなら、夢に戻らなければならなくなるわけである。

実際にそのような例は、戦争末期になると起こっている。八月六日午前の広島への原爆投下を、大本営発表は次のように伝えている。

　第八百三十五回・大本営発表（昭和二十年八月七日十五時三十分）
一、昨八月六日広島市は敵B29少数機の攻撃により相当の被害を生じたり
二、敵は右攻撃に新型爆弾を使用せるものの如きも詳細目下調査中なり

この発表を、各紙とも翌八月八日の一面トップで伝えている。「読売報知」は、「B29新型爆弾を使用　広島に少数機　相当の被害」という見出しを掲げ、そのうえでこの大本営発表を伝えている。そして、「落下傘で中空爆発」「家屋倒潰と火災」「正義は挫けず　見よ敵の残虐」などといった見出しも並べている（次頁）。正義は「敵」のこの残虐行為によってもひるむことはない、という見出しは、現実から夢に逃げ込もうとする叫びのようでさえある。

この発表は原子爆弾が投下されてから、実に三十時間以上も経《た》って行われている。

新型爆彈を使用
相當の被害
落下傘で中空爆發
家屋倒潰と火災
見よ敵の殘虐

昭和20年８月８日付「讀賣報知」一面

大本営報道部はこの未曾有の事態をどのように国民に伝えようか、考えあぐねていたのである。このことに関しては、当時内閣情報局第一課長の高瀬五郎が戦後になって証言している（『ＧＨＱ歴史課陳述録・終戦史資料（上）』佐藤元英、黒沢文貴編）。以下、この書に従って記述を進めたい。

大本営陸海軍報道部はそれぞれ昭和二十年五月十五日に解体され、内閣情報局と合体、以後内閣情報局が国家のすべての報道業務を担当することになった。内閣と大本営の一体化を図らなければという論が通ったのである。内閣情報局には、第一部から第三部まであり、第一部に大本営陸軍報道部、大本営海軍報道部が吸収され、第一部大本営報道部とも名のった。これに従い、内閣記者倶楽部を始めとして陸軍省、海軍省などの記者倶楽部も閉鎖、内閣情報局だけがすべての情報の発信地となった。しかし、第一部大本営報道部が発表する戦況報告は、これまでと同様大本営発表として行われた。

原子爆弾について、この扱いをどうするか、つまり国民にどのように知らせるかの会議は七日に開かれた。内閣情報局、内務省、外務省、それに技術院からも出席があったというが、この段階では、被害についてはまだ詳細には知らされていなかった。ただトルーマン大統領が世界に向かって原爆投下を明言していたこと、改めてアメリカ側が原子爆弾の威力を世界に宣伝していたこと、などを通じていずれは国民も知るだろうという前提で発表文をつくるべきだとの声もあがった。国際社会への宣伝戦略も含めて、ある程度事実を認めたうえで発表を行うべきだと、内閣情報局や外務省などは主張したという。

高瀬は次のように証言している。

「之に対し内務省の防衛総本部と陸軍とでは原子爆弾に対する防衛策も指示することなしに、原子爆弾の出現を報道するのは、国民に対し非常な衝撃を与え戦意を失わせるから不利である。殊に原子爆弾かどうかは目下調査中であるから、少なくとも原子爆弾が出現したと云うことの発表は差し控え度いと云う主張であったように記憶します」

結局は、「新型爆弾」という語を用いて、八月七日のあの発表になったというのである。

この高瀬証言は、現実を認めない姿勢が大本営報道部だけでなく、すでに政策決定集団の内部でも定着していたことを裏づけている。この発表文が公表されるころには、理化学研究所で原子爆弾開発計画に携わっていた責任者の仁科芳雄も原子爆弾と認めていた。いや陸軍内部の技術将校の間では、アメリカが保有する原子爆弾の数量がどの程度になるか、ウランの生産量を推測して試算さえ行われていたのである。こうした現実にまったく目をつぶってしまうことが、大本営発表の実態だったのである。

客観的事実よりも主観的願望が前面に出る国家に変質し、冷静な判断の根拠になる基礎データも一顧だにされなくなった。

二つの戦争目的

「(三) 戦争という現実を日本社会はどのように理解すべきと強制されたのか」という点についていえば、ひとつは戦争を軍事という枠内でとらえるのではなく、感情でコントロールできると錯覚し、「敵」を自らのイメージの枠内に留めて、美学にも似た自己陶酔の感情にひたすら溺れていたということだ。戦争の内実を事実をもって語るのではなく、願望をもって語る国家になっていたということである。

そしてもうひとつは、その歪んだ自己陶酔の延長として、この国は決して敗れないという不敗神話をつくりだし、そこから動こうとしなかったことだ。その結果どうなったか。「生か、死か」の二者択一で戦争を理解しようとしたため生じた錯誤が、最終段階で国家を支配したということだ。この点について詳しく述べることによって、戦争を日本国民はどう理解したかを語っておくべきと思うのだ。

初めに知っておかなければならないことだが、そもそもこの戦争をなぜ始めたのか、その目的は何だったのか、そのことを改めて確認しておこう。昭和十六年十二月八日に、大本営発表によって国民にむけて次々と戦果が伝えられたが、その一方で「陸海軍省発表」や「情報局発表」による帝国政府声明、九日には大本営海軍報道部長の前田稔、大本営陸軍報道部長の大平秀雄らによって、この戦争の目的が国民に明かされた。

こうしたなかから、昭和十六年十二月八日の午後三時に発表された「陸海軍省発表」の「本日陸海軍大臣を宮中に召させられ、左の勅語を賜はりたり」という勅語について吟味することが、なによりも重要である。その勅語は陸軍省、海軍省の将校によって書かれたと思われるが、このなかに戦争目的を明かす一節がある。それは、「是ニ於テ朕ハ帝国ノ自存自衛ト東亜永遠ノ平和確立トノ為遂ニ米英両国ニ対シ戦ヲ宣スルニ決セリ」という部分だ。この戦争を始めることによって、石油を獲得して帝国の自存自衛を図り、そして「東亜永遠ノ平和確立」ができるということだが、これは具体的にはどのようなことを意味するのか。ここでは「東亜新秩序の確立（むろん日本主導でということになるだろうが）」という意味に解しておくべきであろう。

この二つの戦争目的も、［解体］期や［降伏］期になると、まったく叫ばれなくなる。つまり忘れられてしまったということだ。戦争目的の達成など現実に可能ではないのだから、冷静にいえば戦争を止めるというのが政治・軍事指導者の役割ということになるだろう。それなのに「一億総特攻」を叫んだり、「一億玉砕」を呼号するのはあまりにも無責任であった。まさに戦争が政治の領域では語られなくなっているという証《あかし》でもあった。

実施要領

昭和二十年七月、内閣情報局による「国民士気昂揚ニ関スル啓発宣伝実施要領（以下、実施要領と記す)」という内部文書がある(『資料日本現代史13』)。このときは前述のように、大本営陸軍報道部や大本営海軍報道部に属するそれぞれの報道部員は内閣情報局に籍を移していたので、この内部文書は大本営陸海軍報道部の戦争末期の戦争観をあらわしているといってもよい。昭和二十年七月に入ってから、この要領にもとづいて大本営発表を掲載する紙面が検閲され、国民に聖戦意識を昂揚する哲学や音声がつくられることになった。

この実施要領について、作家の山中恒は『新聞は戦争を美化せよ!』のなかで、「(これは)敗戦一か月前の情報局の雰囲気を知るには貴重な文献である。貴重な文献ではあるが、正直いって、この文章の柄の悪さも(中略)格別である。(中略)一読するとわかるが、いかにも神がかりでのぼせあがった若い軍人たちの拙劣なアジテーションでしかない」

と指摘しているが、確かにそのとおりである。この実施要領を見ると、戦況もこの段階に至って混乱の極みにあることがわかる。それゆえに大本営報道部が辿り着いた戦争観が、ここには凝縮しているのだ。

この実施要領には、「第一　宣伝方針」とあり、この方針に基づいて二点を指摘し、さらに四項を挙げているが、全文空虚そのものの内容である。「本土は神霊鎮ります父祖伝承の地なり、断じて敵の蹂躙を許さず、敵来らば来よ」といい、理解不能の語が以下に続く。「国民戦争の本義に徹すべし」という項にあっては、「本土決戦とならば一億国民一人残らず戦列に加わる、国民義勇隊結成の所以もまたここにあり、隊伍整々一糸乱れず生産に防衛に死力を尽すべし」とある。

この実施要領の方針に従って、いくつかの大本営発表の発表文が作成されたのだから、日本は歴史的に物嗤《ものわら》いになったといわれても仕方がない。あえてこの実施要領のなかから、当時の軍部の戦争観をひきだすなら、(四)「戦争抛棄《ほうき》は国体の破壊日本民族の滅亡なり」として描かれている(イ)(ロ)(ハ)(ニ)が、もっとも適当だろう。ちなみにこれらの四項は、近代日本の堕落がここに極まった、そして大本営発表はいきつくところまでいってしまった、という意味で歴史的な文書である。それゆえに全文を掲げておくべきように思う。

(イ)我国体を離れて我国民は存在せず、日本人に降伏なし

(ロ)敵の野望は我国体を破壊し我国民一人残らず殺戮《さつりく》若《も》しくは奴隷化し皇国を地上より抹殺するに在り

(ハ)戦争抛棄は国民一部にのみ死と奴隷化をもたらすに非ず、如何なる階層、如何

なる立場を問はず一人を残さずかかる悲惨なる運命に導くべし
（二）降服後のドイツの現状よりも遥かに苛酷なる条件下に置かるべし

ここに書かれているのはまぎれもない脅しである。国民を脅迫して戦争に追い立てろといっているわけだ。「日本人に降伏なし」「（戦争抛棄は）一人を残さずかかる悲惨なる運命に導くべし」という表現など、正常な判断が失われているという以外にない。昭和二十年八月に入って大本営発表は十四日までに七回発表されているが、そこで用いられる字句はそれまでと大差はないにしても、それを報じる新聞やラジオは国民に本土決戦を訴える内容になっている。

だがそのなかで新聞には、情報局の実施要領を受けて編集しつつ、密かに抵抗しているかのように読める記事もある。たとえば、昭和二十年八月十日のソ連による対日宣戦布告の大本営発表（第八百三十七回）を伝える紙面などがそうである（次頁）。この日の「読売報知」の社説は「口伝隊を作れ」というタイトルで、国民の間に情報が流れる回路として口伝のための部隊、つまりクチコミ隊をつくれ、と訴えているのは、表向きの軍から流される情報をさしつつも、実は現状を冷静に見つめる目をと呼びかけているかのようにも読めるのだ。

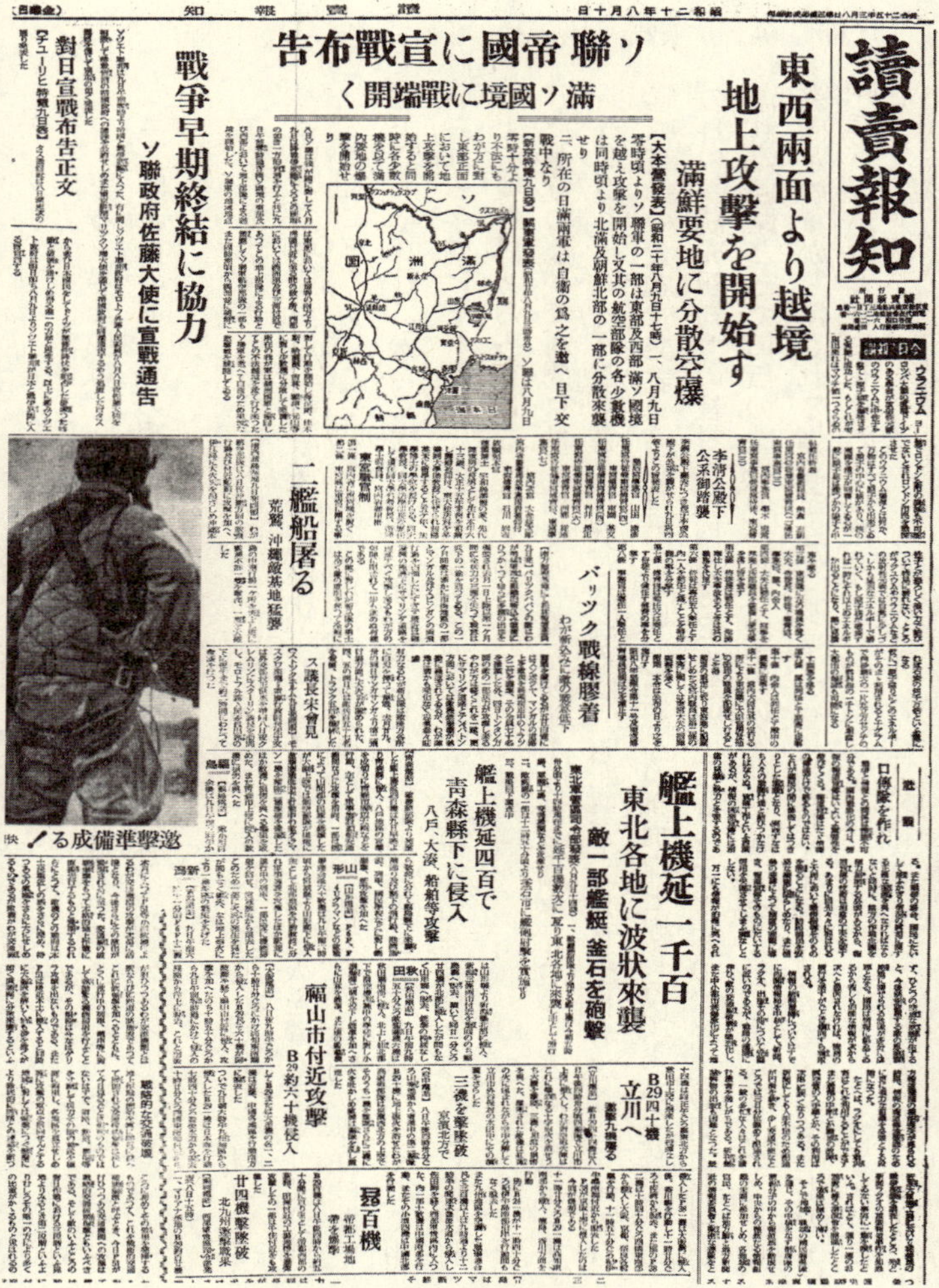
讀賣報知

昭和二十年八月十日

ソ聯 帝國に宣戰布告

滿ソ國境に戰端開く

東西兩面より越境 地上攻撃を開始す

滿鮮要地に分散空爆

【大本營發表】（昭和二十年八月九日十七時）一、八月九日零時頃よりソ聯軍の一部は東部及西部滿ソ國境を越え攻撃を開始し又其の航空部隊の各少數機は同時頃より北滿及朝鮮北部の一部に分散來襲せり

二、所在の日滿兩軍は自衛の爲之を邀へ目下交戰中なり

戰爭早期終結に協力

ソ聯政府佐藤大使に宣戰通告

對日宣戰布告正文

二艦船屠る

室蘭、沖縄敵基地猛爆

バツク戰線膠着

艦上機延一千百

東北各地に波状來襲

敵一部艦艇、釜石を砲撃

艦上機延四百で 青森縣下に侵入

八戸、大湊、船舶等攻撃

福山市付近攻撃

B29約六十機侵入

B29四十機 立川へ

三機を撃墜破

邀撃準備成る！

昭和20年8月10日付「讀賣報知」一面

話は戻るが、先の情報局の実施要領は実際は何を訴えているのだろうか。戦争は政治の一手段ではなく、国民の存在をすべて消し去る「絶滅戦争」という認識である。こういう愚かで傲慢な戦争観は、日本の歴史にあって、はたして軍事指導者たちに許されていた権利というのだろうか。その無責任さこそが問われなければならないはずだ。

「戦争は意志と意志との戦い」

そのように見てくると、「(四) この嘘の空間が生まれたのは、私たちの国の歴史にとって必然だったのか、それとも偶然だったのか」という問いは深刻さを帯びてくる。軍事指導者や指導部の底の浅い戦争観はこの国の歴史に則っていたといえるのかどうかが問われているからだ。私たちの国はこれほど知的レベルも文化の成熟度も、そして道義にも欠ける国家であったのか。大本営発表がつくりだした空間は私たちの国の文化や伝統の辿りつくべき必然であったのか。前述のダワーの『容赦なき戦争』は、日本の文化(とくに天皇制を指しているのだが)にふれて、「英米では、真珠湾攻撃への道があと戻りできない道として描かれた。つまり日本が戦争を引き起こしたのであり、その歴史、文化、集団心理の特異性のなせるわざであった。(中略)一九四一年以降、『日本の事情』という理性的でおそらく論理的な側面とか、日本人が欧米の帝国主義を奉じた程度とかについて力説しようとした欧米人はほとんどいなかった」

という見方を紹介しているのである。

私たちからすれば、大本営発表がつくり出したいびつな空間は偶発的なものであり、これが日本社会の本来ありうべき姿ではなかった、という事実を徹底して国際社会に伝えていかなければならない。そのことは、徳川幕府の時代から明治維新を経て蓄積されていた良質の軍事観が、それ以後の日本社会でいかに歪んだかの検証を伝えるということでもある。「二十世紀の戦争」についての日本の考え方は、基本的に誤りであり、戦争を理解する思想やシステムを失ってしまったというのがその結論となる。

「(五) 嘘の空間が最終的に辿りつくべきはいかなる地点だったのか」についてはいくつか重要なことを語っておきたい。この設問は、もっとも意義深い質問ではないかと思う。大本営発表がつくりだす異様な空間がさらに続いたならば、日本はどうなっただろうか。ここでまず初めに思い浮かぶのは、昭和十九年一月二十一日から始まった戦時議会で東條が行った施政演説である。かつて私はこの演説を一言で評して、「これまでの施政演説にこもっていた戦況の自讃が消え、形容句だけが蟻の行列のようにつづいている」（拙著『東條英機と天皇の時代』）
と書いたことがある。この演説のなかでもっとも注目すべきは、次の言である。
「申すまでもなく、戦争は、畢竟《ひっきょう》、意志と意志との戦いであります。……最後の勝利は、あくまでも、最後の勝利を固く信じて、闘志を持続したものに帰するのでありま
す」
以下、前述のように蟻の行列のような空虚な言がつづく。このころは「東條からの命令で総理大臣の演説が新聞で発表される場合には、新聞社はそれを四段抜きで全文発表されたまま掲載することになっていた」（村田五郎談＝山中恒著書からの引用）という。東條自身が大本営発表という嘘の空間を補足するように要求したということになるだろう。
私は東條のこの言を、戦時指導者の資格なし、と断ずる理由にしているが、内閣情報局の実施要領にも東條の言と同様のことが書かれていることに驚いた。実施要領はその（六）項として、「戦争は意思と意思との闘争なり」という項を設け、その（イ）として次の言が大仰に書かれているのである。
「戦争は全精力を集中し右顧左眄《うこさべん》するなく、遮《しゃ》に無《む》に突き捲《ま》くり押し捲くり、最後の一瞬まで頑張りぬく方が勝つ、本土決戦は我等に課せられたる未曾有の大試錬なり、

これに耐へて耐へ抜く場合我等は勝つ、戦局急迫の余り『どうともなれ』の気持が微かにでも動くとき我等は敗る、強靭《きょうじん》、不屈、精神的にも肉体的にも徹底的に頑張り通し貫き通すべし」

内閣情報局に吸収された大本営報道部の内部文書は、ほとんどがかつての東條の施政演説と一体なのである。「戦争は意志と意志の戦い」——これはどうやら陸軍内部の精神論の根幹になっていたということであろう。戦争末期に大本営報道部が意図していた大本営発表の内容は、まさに国家を兵舎の如くに捉え、国民すなわち兵士に伝達する文書のような状態になっていたともいえる。

さて、実施要領や東條発言をもとに嘘で固めた空間の到達点はどこか、を予測してみる。下世話な喩《たと》え話になるのだが、仮にAとBとがいて、ふたりは殴り合いの喧嘩をしていると仮定してみることにしよう。

Aは圧倒的に腕力があり、知恵もある。Bは腕力こそそれほどでもないが、ひたすら精神力だけがある。当然、AがBを殴りとばし押さえつける。Bが「まいった」と一言いえば、Aは殴るのをやめて喧嘩は終わる。ところがBは決していわない。いってしまえば負けたことになるからだ。そのため喧嘩は果てしなく続く。Bは自らの生命の危機にまで及んでも「まいった」とはいわない。AはBが死ぬまで殴ることになるだろう。

その結果、Bは客観的には「死ぬまで殴られた」ということになるが、Bは主観的には決して負けてはいない。「まいった」とはいわなかったからだ。だが、Bはすでにこの世には存在しない。

日本はつまりはBだったのである。Bは愚かである。Bは思考力をもたない。理性も知性もない。あるのは、まさに自己陶酔している哀れな姿である。この姿にまで落ちていくプロセスを担った指導者層の軍人や官僚、その提灯持ちの役を買い、装飾役を担った言論人の責任は重い。

発表されなかった「敗戦」

もうひとつ、嘘で固めた空間をつくりあげた人々の不誠実さを挙げておかなければならない。それは大本営発表の滅していくときの不誠実さにある。

大本営発表が、戦時下で最後に行われたのは、昭和二十年八月十四日（午前十時三十分）の第八百四十回である。「はじめに」でも紹介したが、これは次のような内容であった。

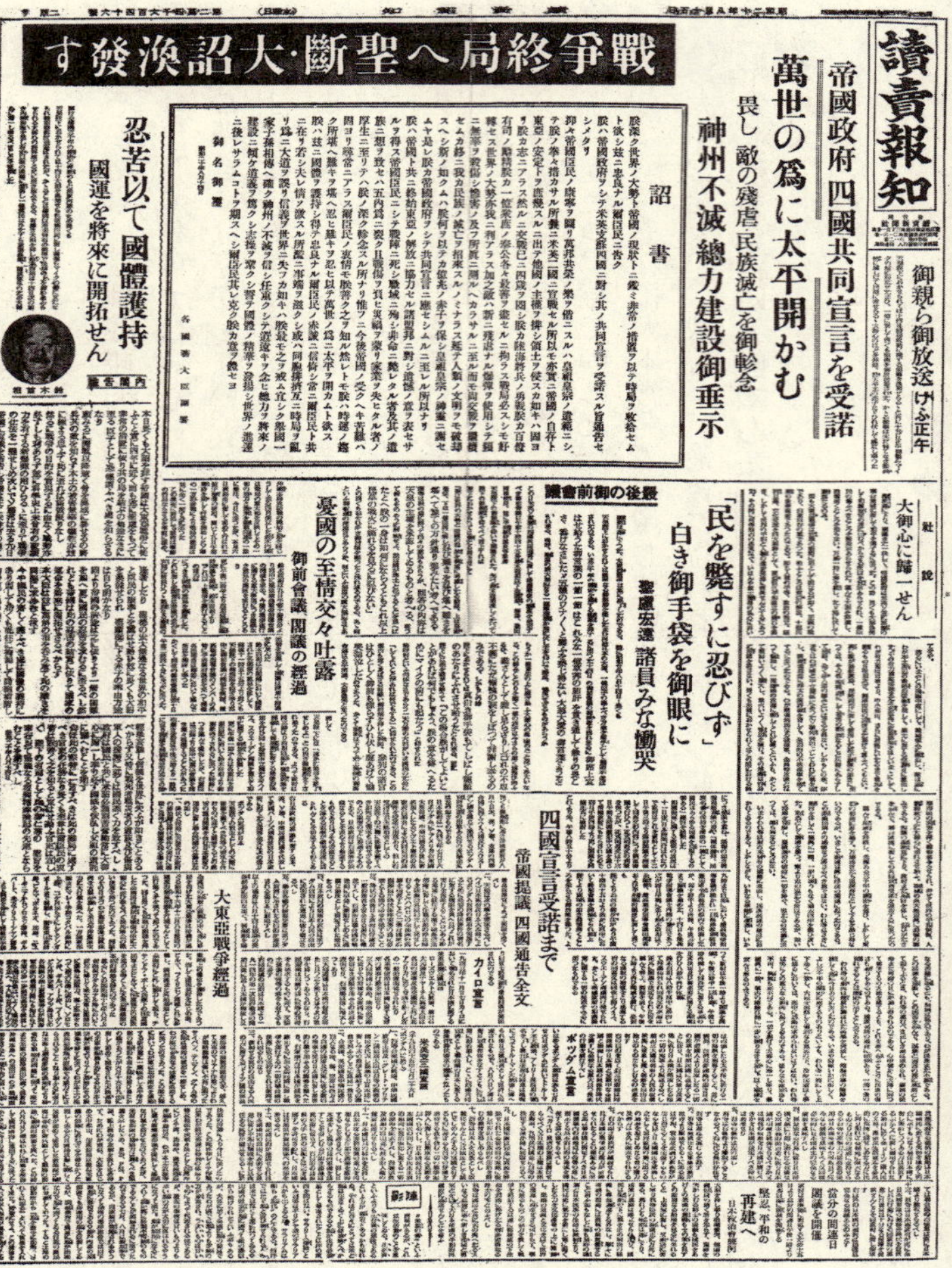
讀賣報知

御親ら御放送 けふ正午

戰爭終局へ聖斷・大詔渙發す

帝國政府 四國共同宣言を受諾

萬世の爲に太平開かむ

畏し 敵の殘虐 民族滅亡を御軫念

神州不滅 總力建設御垂示

詔書

朕深ク世界ノ大勢ト帝國ノ現狀トニ鑑ミ非常ノ措置ヲ以テ時局ヲ收拾セムト欲シ茲ニ忠良ナル爾臣民ニ告ク

朕ハ帝國政府ヲシテ米英支蘇四國ニ對シ其ノ共同宣言ヲ受諾スル旨通告セシメタリ

抑々帝國臣民ノ康寧ヲ圖リ萬邦共榮ノ樂ヲ偕ニスルハ皇祖皇宗ノ遺範ニシテ朕ノ拳々措カサル所曩ニ米英二國ニ宣戰セル所以モ亦實ニ帝國ノ自存ト東亞ノ安定トヲ庶幾スルニ出テ他國ノ主權ヲ排シ領土ヲ侵スカ如キハ固ヨリ朕カ志ニアラス然ルニ交戰已ニ四歳ヲ閲シ朕カ陸海將兵ノ勇戰朕カ百僚有司ノ勵精朕カ一億衆庶ノ奉公各々最善ヲ盡セルニ拘ラス戰局必スシモ好轉セス世界ノ大勢亦我ニ利アラス加之敵ハ新ニ殘虐ナル爆彈ヲ使用シテ頻ニ無辜ヲ殺傷シ慘害ノ及フ所眞ニ測ルヘカラサルニ至ル而モ尚交戰ヲ繼續セムカ終ニ我カ民族ノ滅亡ヲ招來スルノミナラス延テ人類ノ文明ヲモ破却スヘシ斯ノ如クムハ朕何ヲ以テカ億兆ノ赤子ヲ保シ皇祖皇宗ノ神靈ニ謝セムヤ是レ朕カ帝國政府ヲシテ共同宣言ニ應セシムルニ至レル所以ナリ

朕ハ帝國ト共ニ終始東亞ノ解放ニ協力セル諸盟邦ニ對シ遺憾ノ意ヲ表セサルヲ得ス帝國臣民ニシテ戰陣ニ死シ職域ニ殉シ非命ニ斃レタル者及其ノ遺族ニ想ヲ致セハ五內爲ニ裂ク且戰傷ヲ負ヒ災禍ヲ蒙リ家業ヲ失ヒタル者ノ厚生ニ至リテハ朕ノ深ク軫念スル所ナリ惟フニ今後帝國ノ受クヘキ苦難ハ固ヨリ尋常ニアラス爾臣民ノ衷情モ朕善ク之ヲ知ル然レトモ朕ハ時運ノ趨ク所堪ヘ難キヲ堪ヘ忍ヒ難キヲ忍ヒ以テ萬世ノ爲ニ太平ヲ開カムト欲ス

朕ハ茲ニ國體ヲ護持シ得テ忠良ナル爾臣民ノ赤誠ニ信倚シ常ニ爾臣民ト共ニ在リ若シ夫レ情ノ激スル所濫ニ事端ヲ滋クシ或ハ同胞排擠互ニ時局ヲ亂リ爲ニ大道ヲ誤リ信義ヲ世界ニ失フカ如キハ朕最モ之ヲ戒ム宜シク擧國一家子孫相傳ヘ確ク神州ノ不滅ヲ信シ任重クシテ道遠キヲ念ヒ總力ヲ將來ノ建設ニ傾ケ道義ヲ篤クシ志操ヲ鞏クシ誓テ國體ノ精華ヲ發揚シ世界ノ進運ニ後レサラムコトヲ期スヘシ爾臣民其レ克ク朕カ意ヲ體セヨ

御名御璽

昭和二十年八月十四日

各國務大臣副署

忍苦以て國體護持 國運を將來に開拓せん

内閣告諭

鈴木首相

社説 大御心に歸一せん

「民を斃すに忍びず」白き御手袋を御眼に

聖慮宏遠 諸員みな慟哭

最後の御前會議

憂國の至情交々吐露

御前會議 閣議の經過

四國宣言受諾まで

帝國提議 四國通告全文

ポツダム宣言

カイロ宣言

大東亞戰爭經過

堅忍 平和の再建へ

昭和20年8月15日付「讀賣報知」第一面

　我航空部隊は八月十三日午後鹿島灘東方二十五浬に於て航空母艦四隻を基幹とする敵機動部隊の一群を捕捉攻撃し航空母艦及巡洋艦各一隻を大破炎上せしめたり

なんとも奇妙な内容である。すでにポツダム宣言受諾の方向にある日本の国策に対して、違和感を与える発表であった。翌八月十五日の「読売報知」朝刊の一面は「帝国政府四国共同宣言を受諾」「万世の為に太平開かむ」とあり、「畏《かしこ》し敵の残虐・民族滅亡を御軫念《しんねん》　神州不滅総力建設御垂示」という大見出しを掲げながら、詔書そのものを五段で紹介している（前頁）。戦争は敗れたのである。

裏返して二面を開いてみると、この大本営発表が、五段で掲載されている。「空母、巡艦を大破す　鹿島灘東方　荒鷲機動部隊攻撃」という見出しである（二〇七頁）。なんのことはない、悪天を冒して特攻攻撃を行っているのだ。航空母艦や巡洋艦を炎上せしめたというのだが、これも実際には発表と異なっている。この特攻隊を指揮して逝った市島少尉の遺書全文も紹介されている。「絶叫す『神州不滅』」という活字に虚しさを覚えるほどである。なぜ彼らは敗戦の前日に特攻攻撃を行わなければならなかったのか、という疑問は消えないのだ。

かつて大本営陸軍報道部の部員だった平櫛孝の書からはなんども引用しているが、

その平櫛は、このときサイパンでの戦いで捕虜になっていて、昭和二十一年にアメリカから戻ってきている。その平櫛が大本営発表の最後について、自著（『大本営報道部』）のなかで、こんな自嘲を洩らしていた。

「この発表は何ともそらぞらしく『まだやってるのか』と腹立たしささえ感じる。そしてまた、それまでの紙面と変りのない『横鎮十五日公表』『大東亜戦の華』という戦死者の姓名一覧が発表されているのを見ると、何ともいえないむなしさ、歴史の一コマ一コマの中で虫けらのように死んでゆく一般国民のやり場のない怨嗟の声を聞く思いがする」

この見解にまったく異存はないのだが、［勝利］から［挫折］の段階で大本営発表に携った部員の言としては不謹慎としか思えない。アメリカ本土の捕虜収容所で、自分たちの行っていた行為の歪みに気づいたのだろうか。彼はそのことこそ書きのこすべきだったのである。

第一回で「戦闘状態に入れり」と伝えた以上、どうあれ「戦闘に敗れたり」とか「戦闘は終結せり」と発表するのが、大本営発表の本来の役割のはずである。しかしそれを行わなかった、あるいは行う意志がなかったということ、そこに嘘の発表のけじめをつけることのできなかった大本営報道部の無責任さがあったといえるのではな

第二萬四千　讀賣報知　（水曜日）

空母、巡艦を大破す

鹿島灘東方　荒鷲機動部隊攻撃

大本營發表（昭和二十年八月十四日十時三十分）我航空部隊は八月十三日午後鹿島灘東方二十五浬に於て航空母艦四隻を基幹とする敵機動部隊の一群を捕捉攻撃し航空母艦及巡洋艦各一隻を大破炎上せしめたり

惡天冒し特攻出撃

絶叫す「神州不滅」

神風特攻隊　市島少尉の遺書

九州へ七十機

大阪に暴約百機

近畿、中國に二百四十機

【大阪發】中部軍管區司令部大阪警備府發表

P51百機東海へ

二機空母に突入

沖縄

少數機關東東北を偵察

【前線基地特電十四日發】

アラバマ損傷

十三隻屠る

七月下旬來　潜水部隊戰果

濠洲の戰績

羅津上陸の敵と

昭和20年８月15日付「讀賣報知」第二面

いか。

嘘の世界が辿り着いた地点は、国家の意志そのものが曖昧で錯誤に陥っており、なおかつ責任をとらないという教訓である。八月十五日正午に玉音放送が行われ、八月十四日付で終戦の詔勅が発表されたが、大本営という軍事上の作戦や遂行、それに伴う結果に対して、責任を負うべき機構が一切の説明もなしに「軍艦マーチ」に代わって「海ゆかば」を流しながら、偽りの情報を伝えてなしくずしにごまかした――これが嘘の世界が辿り着いた到達点である。国民に対しての責任を果たしていないだけでなく、「歴史」そのものにも背徳行為を働いていたというべきであった。

このとき国民もまたこの嘘の世界の胡乱《うろん》さに倦いていたといえるのかもしれない。高見順の『敗戦日記』を読むと、昭和二十年八月二日の記述に、次のようにある。

「一日の大本営発表が新聞に載っているが、発表の最初に『戦備は着々強化せられあり』とある。それについて毎日が『軍に毅然・大方針あり』と提灯記事を書いている。昨日は読売が同種の記事を掲げていたが。――ところが、毎日は提灯記事の隣りに社説を掲げている。『民意を伸張せしめよ』『知る者は騒がぬ』ひかえ目ながらここで注文を出している。国民はもはや、提灯記事、気休め記事は読まぬのである」

高見は、大本営発表そのものと内閣情報局が新聞に命じてつくりあげる装飾には目もくれず、辛うじて新聞社が独自に書いていると思われる記事のなかから真実をさがしだすことができると自覚しているのである。ここには国家と国民の間に信頼感が成り立っていないという現実が示されている。

軍事上の嘘やデマを流すと、陸軍刑法や海軍刑法によって罰せられるのであったが、それにもかかわらず昭和二十年に入ると急速にその種の噂が流れていく。「陸軍も海軍も負けたことはなにひとつ発表していない」「本土に敵機が入ってきて、どの街も焼け野原になっている」「アメリカは決して日本人を奴隷にしない」、はては「日本はアメリカに降伏を申し入れている」といった噂やデマが流れ、東京憲兵隊や内務省警保局はその取り締まりに躍起になっていた。この事態が放置されれば、国民の怒りも頂点に達して暴動さえ起こりうることが予想されたからだ。

幻のクーデター

こうして前述の五点を検証することによって引きだせる結論は、嘘の世界そのものが太平洋戦争を担った軍事指導者の本質ではなかったかという指摘である。そしてその本質は、日本が敗戦に至る土壇場ではからずも表面化したように思う。以下にそう考えざるを得ないケースを紹介しておくことにしたい。

昭和二十年八月十二日午後三時三十分に、第八百三十八回目の大本営発表があった。次のような内容である。

一、満鮮方面の我軍は満州国軍と共に八月十一日東正面に於ては概ね雄基、琿春《こんしゅん》及穆棱《ぼくりょう》の線に、西正面に於ては海拉爾《ハイラル》、索倫及醴泉《れいせん》附近に進出せる「ソ」軍を邀《むか》へ激戦展開中なり

二、我潜水部隊は八月十一日午後沖縄南東海面に於て敵輸送船団を攻撃し、その三隻を撃沈せり

この発表は少々不自然である。満州国の戦線と沖縄での潜水艦部隊というまったく性質の異なる戦闘を並列しているのだが、このようなことは大本営発表には珍しい。少しでも戦況の良好なところを探しだして、あえてこのような発表を行ったとも考えられる内容だ。

ところが実は、この原案には、もともと「三」があったというのである。その三とは、

「帝国陸海軍は茲《ここ》に畏くも国体を護持し皇土を防衛すべき大命を拝し挙軍一心敵連合

軍に対し全面的作戦を開始せり」


との内容であった。外務省編の『終戦史録』には、

「陸相も参謀総長も知らぬ間に、大本営発表なるものが陸軍側から又々各新聞社に配られた。新聞社から迫水書記官長に報告があったので、直ちに書記官長より陸相へ連絡し、陸相の手によって発表事前にこれを抑え得た」

と書かれている。三項が発表されるのを、こうして辛うじて防ぐことができたというのであった。しかもこの三項は実は新聞編集の締め切り直前に送られてきたというから、手のこんだ謀略まがいの方法が採られたことになる。

以下、藤本弘道著の『踊らした者』と迫水久常著の『機関銃下の首相官邸』に、この経緯が詳しく記述されているので、それに則りながら記述を進めることにしたい。


昭和二十年八月十二日の時点で、日本はどのような状態にあったか。六日の広島への原爆投下、九日のソ連による対日参戦、長崎への原子爆弾投下、こうした状況のなかで最高戦争指導会議や御前会議を開き、最終的にポツダム宣言受諾の決定をする。東郷茂徳外相、米内光政海相、鈴木貫太郎首相が受諾に賛成し、阿南惟幾陸相、梅津美治郎参謀総長、豊田副武軍令部総長が反対したが、天皇が受諾派に与《くみ》することでこれが国策となった。

受諾にあたり、ポツダム宣言のなかに含まれている天皇の地位について、「連合軍最高司令官の制限の下におかるるものとする」の意味が国体護持を約束するのか否かをアメリカ側に確認を求めた。その回答（バーンズ国務長官による）が返ってきたのが十二日未明であった。バーンズ回答は明確にこたえることなく、ポツダム宣言にもとづき日本国民の意思が尊重されるとあった。

受諾反対派は、これでは国体護持にならないとしてますます強硬姿勢を強めた。逆に受諾賛成派はこれは国体護持につながる意味をもつと判断した。なにより天皇の態度が受諾賛成にあり、すでに御前会議で決定しているのである。

そこで本土決戦を主張する陸軍省軍務局の将校が、徹底抗戦を訴える下書き原稿をつくり、それを大本営陸軍報道部員につきつけて、大本営発表にするよう迫ったというのである。藤本書によるなら、この下書きは、次のようなものだった。

「『ソ』連軍は十日十二時頃各方面に於いて満領に侵入し東方面に於いては既に雄基・琿春及び穆棱の線に、西方正面に於いては概ね海拉爾附近に進出激戦展開中にして戦局は愈々緊張の度を加うるに至る。

此の秋《とき》に方《あた》り軍は国体を護持し皇土を防衛すべき大命を拝し全面的作戦行動を開始せり。

右に依り帝国陸海軍は真に一心同体鞏固《きょうこ》なる団結の下全軍玉砕の決意を以て対米英戦を継続するは勿論《もちろん》飽く迄戦争目的の完遂に邁進し以て大命に応え奉らんことを期しあり」

大本営は今やこの戦況にあって全軍玉砕の決意をもって対米英戦を戦い、そして聖慮にこたえる、というのがこの発表文の骨子である。しかし、これでは御前会議の決定とあまりに違いすぎる。天皇の意思を自らの側に都合のいいように解釈している、というよりもむしろ天皇の意思に反した内容でさえある。二・二六事件の青年将校の心理にも共通しているかのようだ。

この下書きは陸軍大臣、陸軍次官、参謀次長、さらに関係部局の管理職に諒解を求めたことになっていて、書類上の手続きは充分に揃っていたともいう。大本営報道部員がこの下書きを手直しして三カ条にまとめ、それを大本営報道部と内閣情報局が入っている内務省の一室で記者発表が行われたというのだ。

ところが新聞記者たちも、この発表はおかしいということに気がついた。そこで、聞くところによれば日本はポツダム宣言の受諾を決めたはずなのにどうしてこのような発表が行われるのかと、関係当局に問い質《ただ》したという。これはきわめて勇気のいる行動だった。先の藤本書には次のように書かれている。

「従来、大本営発表は権威あるものとして新聞は何の批判もなく、またそれを批判することを許されることなく、これを掲載してきたのである。今回のそれは単なる戦況と異なって、政治的・外交的諸問題をふくめて、ことは重大である。その重大なる発表を、かくも明瞭なる危疑詭疑とを残したまま紙上に掲載してしまってよいものであろうか」

そのような煩悶《はんもん》が新聞社側にあったというのである。新聞社・通信社は内閣情報局から掲載を命じられた以上、拒否できないのは当然のこととしつつ、これをそのまま発表するならば、国策を壟断《ろうだん》する役割を担わされるのではないか、と恐れたのであろう。この点について、迫水書がそうした不安をどのように受け入れたかを書き残している。鈴木内閣の書記官長であった迫水もまた陸軍側のこうした対応に苛立ちをもっていた。

迫水は朝日新聞の若い記者（柴田敏夫）に呼び出されて閣議室から出ると、一枚の紙を示され「書記官長はこれをご承知か」と尋ねられたという。その紙には、「大本営午後四時発表、皇軍は、新たに勅命を拝し、米英ソ支四カ国に対し、作戦を開始せり」とあり、午後四時にはラジオ放送が行われ、翌日には新聞にも掲載されるというのだ。しかし閣議室に戻った迫水が阿南陸相に確かめると、このようなことはまったく知らない、と答えたという。
大本営発表そのものは大本営の所管になるので、閣僚のひとりがすぐに参謀総長の梅津に尋ねると、梅津も知らないという。軍を動かすこうした命令について梅津が知らないのは不自然だし、それに天皇の裁可ももらっていなければならない。だが、そのいずれも欠けていた。そこで鈴木内閣は梅津に頼み込んで、この奉勅命令を取り消すことになった。迫水によれば、これは午後四時すこしまえのことだったという。このような経緯をふまえたうえで、迫水は書き残している。

「もしこの発表が、公表されてしまったら、終戦のことがはたしてあのように円滑にいったかどうか判らないと思うと、私は今も柴田くんに感謝している。あとで判ったことであるが、この発表は大本営報道部で起案され、陸軍次官、参謀次長の決裁があったという。抗戦に狂奔する若い将校のはびこっていた当時の陸軍の複雑な様相を物語るものである」

こうして第三項は発表されなかった。もしこれが発表されていたら、大方の識者が指摘するように、アメリカを中心とする連合国は、日本政府が伝えてきたポツダム宣言受諾の意向が二枚舌であるとして、さらなる原子爆弾の投下や日本国民の殲滅《せんめつ》作戦を行ったとも予想される。

加えて、もしこの奉勅命令が出されていたら、天皇にとっては謀反《むほん》を意味する。私は、これはクーデター未遂だったと断じていいと思う。大本営発表の嘘の世界が暴露されるのを恐れたために、最後にはこのような国家反逆の域にまで達してしまったのが、大本営発表そのものだったのである。そのことが未《いま》だ充分に知られているとは思わない。

昭和史のなかで、「大本営発表」という語にひそんでいる真の意味は何かと問うたときに、単に虚偽や誇張、そして隠蔽とだけ見るのは誤りである。それは二十世紀の戦争を正確に理解できずに、いや戦争というシステムを理解できなかったがゆえの悲しい報告書だったと自覚しなければならない。政治の延長としての軍事について理解できなかった、そのことを的確に示しているのが「大本営発表」という文字であり、音声だったのである。

第四章　大本営発表の最期

「大本営発表」から「大本営及帝国政府発表」へ

八月十五日と十六日の紙面は、日本がポツダム宣言を受けいれることを明らかにしつつ、そして最終的には受けいれたことが報じられている。このことについて、開戦時に大本営報道部員で、そして戦後は『大本営報道部』という著作を著した平櫛孝は、その著作で興味のある事実を書いている。「八月十五日と同十六日の新聞紙面には、敗戦当日の皇居前の風景を次のように描写している」と書き、東京朝日新聞の社会面の記事を紹介している。この記事は、確かに当時の日本人の心象を明らかにしていると思うので、本書でも引用しておきたい。

「あふれる涙、とめどなく流れ落ちる涙、私はいつの間にか皇居の濠端に額《ぬか》づき、玉砂利を涙に濡らした。唇をかみしめつ、またかみしめつ、道行く兵士の姿を見ては胸かきむしられ、『飛行機を増産せよ』の貼紙を見ては、宮城への道々を悲憤の涙を流し続けて来た私であった。胸底を抉《えぐ》る八年余の戦いのあと、歩を宮城前にとどめたとき、私は立ってはおられなかった。抑えに抑えて来た涙が、いまは堰《せき》もなく頰を伝わった。膝は崩れ折れて玉砂利に伏し、私は泣いた。声をあげて泣いた。しゃくり上げ、突き上げてくる悲しみに唇をかみ得ず、激しく泣いた。男子皇国に生を享《う》けて、またいつの日か、かくも泣くときがあろう。拭うべき涙ではない。抑えるべき嗚咽ではない。泣けるまで泣け、涙ある限り涙を流せ、寂《せき》として声なき浄域の中に、思わず握りしめる玉砂利、拳を握って私は『天皇陛下……』と叫び、『おゆるし……』とまでいって、その後の言葉を続けることができなかった。

大きな感情の嵐が吹きまくっている。歴史未曾有の悲しみに落ちた民族の感情の嵐である。祖国日本は敗れた。だがこの嵐の中で嗚咽と悲痛の声の中に敗れざる日本、敗れざる民族のいぶきがきこえる。三年八カ月の年月は決して短くはなかった。それに堪えてきた日本人であり日本民族だった。

そのとき何処からともなく歌声が起った『君が代』の大合唱は大内山へも流れて行った。この力ある歌声こそ、いつの日か、今日のこの日の曇りを拭い去り浄め払い、三千年の歴史を再び光輝あらしめるだろう」

新聞記者がこのような心情でいたのだから、大本営発表がどれほど客観性を欠いていたのかがわかる。そして平櫛が書いているのだが、「(こういう紙面の)片隅にこんな記事がのっている」と自嘲的に書いている。それがすでに紹介したが、八月十四日の大本営発表であった。

開戦時の報道部員にすれば何か尻切れトンボのような気がするといっているのだが、それは何を物語っているのか。

大本営発表の枠組みをつくりだした平櫛はその後、戦地に赴き、サイパン玉砕戦に参加し、そこで辛うじて生還することができた。そういう立場から見ると、この八月十四日のもつそらぞらしさに我慢がならなかったのだろう。

私があえて平櫛のこの記述が重要だというのは、その渦中にいればわからないが、しかしその場をはなれてみると「大本営発表」など偽りそのものと気づくという事実を指摘したいからだ。しかも新聞の戦争報道にこもっているあまりにも情感的な報道などは戦地の体験者には苛立たしい思いがする空虚な文字の羅列にすぎないことも示されている。正直な話、日本の敗戦が告げられている紙面に、三年八カ月にわたって偽りの内容を発表し続けてきた「大本営発表」はまさにその最後はブラックユーモアのような終わり方だったのである。そしてその大本営発表を核に聖戦完遂の紙面をつくりあげてきた「演出者」たちは無残な記事を書いて、敗戦の日を迎えたのであった。

日本は八月九日からの御前会議で、「天皇の国家統治の大権」を否定していないという条件で、ポツダム宣言の受諾を決めた。このことをアメリカ側に問い合わせることにして、天皇の裁断で戦争は終わったという言い方ができた。この方針は、十一日の各紙の紙面でそれとなくにおわされた。下村宏情報局総裁の「一億困苦を克服せん国体を護持せん」という談話と、阿南陸相の「死中活あるを信ず」という談話が明かされ、終戦と戦争完遂のふたつの方向がさりげなく示されたのである。

といってもその紙面からふたつの方向を正確に理解することは困難であった。しかしいつもなら天皇の写真が掲載されるのに、この十一日に限っては皇太子の写真が掲載され、皇太子が戦局に懸念を抱いているとの説明がつけられていた。なにかが日頃とは異なる紙面であった。

こうした紙面について、有山輝雄の『占領期メディア史研究　自由と統制・一九四五年』は、次のような見方を示している。

「このように、八月一一日の新聞紙面は、たんに、降伏という事態を突然告知するのではなく、少しずつ示唆することにより敗戦の衝撃を緩和するという程度の方略で作られていたのではなく、もっと先まで見通し、敗戦によって惹起するかもしれない国民意識の崩壊を恐れ、『国体擁護』信念の確保のための国民輿論対策が既に表れていたのである。敗戦はたんに戦争に負けるということではなく、むしろそれ以上の問題、あるいは真の問題は天皇制の危機であったのである」

情報局のこうした戦略は、政府と大本営とが折り合いをつけた国民向けの報道であった。こうした戦略が十五日までつづいたのである。このような状態で、実は大本営発表はすでにその役割を終えていたともいえた。

八月十一日以後の大本営発表は、「八月十二日十五時三十分」の満州でのソ連軍との戦闘などであり、「八月十三日十七時」の「我潜水部隊は八月十二日夕刻沖縄南東海面に於て敵大型水上機母艦を攻撃之を撃沈せり」であった。それも新聞では大きく扱わないように指導していたのだろう、さほど目立つ記事ではなかった。そして十四日が前述のような発表になるのである。大本営発表はすでに政府や大本営には厄介な存在になっていたとも推測できた。

こうして大本営発表は、辛うじて戦闘行為が続いていた昭和二十年八月十四日までに八百四十回を数えて実質的に終わった。その後は、「大本営及帝国政府発表」との名称で、八月二十一日から二十六日まで六回行われた。

この六回は、軍事そのものでなく、アメリカを中心とする連合軍の日本占領にかかわる伝達事項を伝えることに終始した。前面にでてきたのは政府であった。いわば終戦処理であった。あえて補足しておくと、第八百四十一回（二十一日午後一時）、第八百四十二回（二十一日午後五時）、第八百四十三回（二十二日午後三時三十分）、第八百四十四回（二十三日午後五時三十分）、第八百四十五回（二十四日午後五時三十分）、第八百四十六回（二十六日午前十一時）となる。

その内容は、連合軍の日本への第一次進駐がいつ行われるか、どの地域からはじまるか、といった連合軍の動きや、終戦の聖断を外地の派遣軍に皇族を送って伝達すること、南九州の鹿屋地区に連合軍の第一次進駐がある予定だったが台風のため四十八時間遅れてしまう、といった内容であった。たとえば八月二十一日の発表（第八百四十一回）は次のようになっていた。

八月二十一日十三時

連合国最高司令官の通報に基き連合軍の第一次進駐等に関し所要の打合を為さしむるため今般陸軍中将河辺虎四郎に対し全権御委任状を御下附相成りたり

同全権委員及随員は八月十九日馬尼刺《マニラ》に向け出発し同地に於て所要の会談を遂げ本二十一日朝東京に帰着せり

こうした発表は「大本営及帝国政府発表」という形での事務的連絡であった。八月二十四日と二十六日(最終回)も一応引用しておくが、この二カ月ほど前は特別攻撃隊が飛び立った鹿屋飛行場にアメリカ軍第一次進駐部隊が訪れるというのも、そこにはなんらかの意味があったらしい。大本営と帝国政府はその地にいる日本軍の部隊に撤収することを命じている。

なんのことはない。大本営発表はこういう形で日本の敗戦を認めたということになるのかもしれない。

八月二十四日十七時三十分

南九州鹿屋地区に対する連合軍第一次進駐部隊は九月一日其の先遣部隊を以て飛行機により鹿屋飛行場に九月二日主力を以て同飛行場及同地西方海岸高須附近より空輸及び海上輸送により進駐す

右連合軍との紛争を避けしむる為同地区周辺の我武装軍隊は撤収せしめらる

八月二十六日十一時

本八月二十六日以降実施予定の連合国軍隊第一次進駐日程中連合国艦隊相模湾入港以外は夫々四十八時間延期せられたり

こうした情報は、東京からマニラに赴いた河辺虎四郎参謀次長らの使節団が、連合軍最高司令部から命じられた指令（第一号から第四号まで）の内容であった。従って、「大本営及帝国政府発表」という名称は、日本の軍事機構、行政機構もその指令を忠実に守る、という意味をもっていた。

アメリカ側は詳細な日本進駐のプログラムを用意していて、たとえば八月二十六日、先遣部隊が厚木飛行場に到着するとか、どの海軍部隊が相模湾に、あるいは東京湾に入るという具合に日程が定められており、日本側は政府も大本営もこれに全面的に協力することが命じられたのである。

このような日程が、相次いで「大本営及帝国政府発表」という名称で発表されたが、そこには軍事上の内容が消えていた。むろんこの発表には盛りこまれていないのだが、進駐にあたっての注意や心構えなどはそのつど関係官庁から国民に向けて伝えられた。大本営発表は、最終的にはこうしたかたちで終息したことになる。この事実は大本営発表という文字や音声そのものが現実に戦争に敗れたという実感を与えてくれる。「軍艦マーチ」も「海ゆかば」もないし、大本営報道部やそれに協力した内閣情報局の官僚や大日本言論報国会の言論人による勇ましい装飾もなく、あっけなく崩壊した国の情報戦略というかたちでの消滅でもあった。そして「大本営発表」という文字も、また音声も戦後の日本社会からは消えていくことになった。

シビリアンコントロールの定着

大本営発表という語は消滅したが、一方でこの語は戦後日本に貴重な教訓も与えたのである。

昭和二十年十月から十二月にかけて、ＧＨＱ（連合国軍総司令部）の将校は日本の戦時指導者や軍人、官僚などに次々と証言を求め、戦争遂行のプロセスや戦時指導を調べる一方で、とくに重要と判断した指導者個人へは長時間のインタビューをくり返した。この戦争の教訓は何か、ということを徹底して調べあげたのである。その点で、アメリカ側の考え方は、確かに私たちの国よりははるかに自省的であり、実証的でもあった。この調査団のメンバーに呼ばれた日本側の指導者は、大体が尋ねられた質問には丁寧に答えるため、質問をつづける調査団の軍人や研究者が驚いたと、彼らののこした資料には記述されている。

この尋問には、近衛文麿元首相も呼ばれている。近衛は、主に開戦に至るプロセスと自らの政権の政策についてかなりくわしく聞かれている。ときに質問は厳しい口調になるので、近衛自身はのちに不愉快な訊問だったと洩らしている。その近衛と調査団員のやりとりのなかに次のような問答があった（『証言記録太平洋戦争史』米国戦略爆撃調査団編、大井篤、冨永謙吾訳）。

「問　（和平の方針は）国民全般に向っても、施すべき手段として何か考えられたでしょうか。

答　陸軍を慰撫《いぶ》・鎮静させるための手段を天皇にとっていただくことさえできれば、国民をつうじて働きかけることは有効ではないと政府当事者は考えていました。そこで、国民に対して働きかける努力は何もされませんでした。

問　鈴木内閣がいよいよ登場した頃、宣伝方針にどんな変更があったか、あなたは熟知しておられましたか。

答　鈴木内閣が執ろうとしている政策や主義には、急激の変化は別に見られませんでした。彼等（保阪注・鈴木内閣のこと）はその考えをすぐには表面化させず、またやって行こうとする計画や内容を声を大にして発表しませんでした。それは、むしろ漠然としてつかまえ所のないようなものでした。ただ、戦況発表報道上の従来の宣伝や誇張ぶりに思い切った手心や制限を加えて、それが、次第に現実に近い方向に変わりつつあったことは認められました。

問　その頃軍事情勢の真相を多少発表したでしょうか。

答　陸軍の方針は全体として、秘密主義で、真相はあまり発表しませんでした。」

近衛は、アメリカ側から、なぜ早めに和平の方向に日本は歩まなかったのか、それについてあなたはどう思うかと、執拗に尋ねられている。近衛は少々困惑気味だったが、前述の問答は、そのなかで、いわゆる大本営発表がどのようなものだったかが問われている部分の一節である。近衛は、鈴木内閣になって大本営発表も少しずつ変わっていったように思うと答えている。

これは、昭和二十年六月から七月にかけて大本営発表が極端に減ってしまうのは、単に大本営陸軍報道部、大本営海軍報道部が内閣情報局に吸収されたからとか、戦況が悪化したからというのではなく、鈴木内閣がなんらかのかたちでこの大本営発表を押さえつけていたとの見方を示した内容だ。このことを充分に検証する資料はないのだが、内閣情報局第二部・第三部に大本営報道部をコントロールしようとの思惑があったのかもしれない。しかし、現実にはこれは失敗に終わった。それを近衛は、陸軍はほとんど真相を発表していないといういい方で不満を示したのだろう。

近衛や木戸の証言（こうした尋問のなかで木戸は、天皇が終戦工作を進めるようにしばしば命じていたと答えているが）から見ていくと、本来、たとえ戦時下であっても「大本営及帝国政府発表」のような、政府が大本営をコントロールするかたちで国民に向けて行う発表が、ありうべき姿といっているようにも思えるのだ。あるいは「帝国政府及大本営発表」と帝国政府が上位にあるのが筋であると主張しているようにも思える。

大本営発表は、こうした教訓もまた残していると分析することができる。この教訓に倣うのであれば、大本営発表はあまりにも悪者のイメージで歴史に定着しているが、「シビリアンコントロール（文民支配）」という語を、日本の歴史に定着させるための教訓となれば救われるのかもしれない。

マスコミ、そして国民が問われるべき責任

さらにつけ加えておかなければならないのは、「大本営発表」という文字や音声が

国民にとって不気味な存在に変わっていくプロセスにおいて、新聞やラジオといったメディアそのものの責任もまた大きいということだろう。内閣情報局からどれほど圧力をかけられたにせよ、当時の法体系によってどれほど表現の自由を失っていたかを割り引いたとしても、新聞にもまた責任があった。あの無味乾燥な大本営発表を一編のドラマに仕立て上げ、そして情報局のコントロールを超えて国民を操縦しようと意図したからである。

高見順の『敗戦日記』の昭和二十年八月十九日には、

「新聞は、今までの新聞の態度に対して、国民にいささかも謝罪するところがない。詫びる一片の記事も掲げない。手の裏を返すような記事をのせながら、態度は依然として訓戒的である。等しく布告的である。政府の御用をつとめている」

と強い筆調で批判している。この批判はきわめて本質を突いている。

この批判にどう答えるべきなのか。当時の新聞は基本的な姿勢そのものが問われているのだ。大本営発表が問われる責任とは、どれほどの比重であるかは別にしても、新聞自身にもあり、本来ならその歴史的責任を総括しなければならなかったのである。

もとより国民もまた、こうした歪みそのものの情報操作に気づくべきだったし、その操作によって国民一人一人が愚弄されていたことを早くに自覚すべきだった。情報の受け手の不覚もまた大本営発表という語とともに、国民が引き受けなければならない責任だと自覚しておかなければならない。官製の報道がきわめて危険だということ、そしてそうした報道はすべてが自己陶酔的であることは、今なお最大の教訓である。

第五章　大本営発表からの教訓

大本営発表の歪みからみる日本軍の特質

太平洋戦争下の「大本営発表」の実態を調べてきて、私たちは何を学ぶべきかを改めて考えていきたい。それは、この大本営発表をどのように見つめて、次代に語り継ぐべきかと置き換えてもいい。

私はさしあたり次の三つの問いに対する答が教訓になると考えている。

（一）昭和の一連の戦争に伴う情報戦は、日本人の思考・行動形態、文化などの面から見て、その実像を反映していたか。
（二）国民のまったく意思表示のできないシステムをつくりあげたのは誰か。
（三）大本営発表を含めてこの時代を指導した人物は真に時代を代表していたか。

一見すると、大本営発表とはとくべつに関係がないように見えるが、決してそうではない。大本営発表の歪みは、昭和十年代を貫く日本の戦争の歪みを反映していることになる。本書では大本営発表のみを見てきたが、その背景も考えておかなければ、その歪みが何に起因しているかがわからない。

それを前提に話を進めるが、まず大本営発表は基本的には軍内の一組織である陸軍報道部や海軍報道部が発表したのであり、日本の軍事組織のひとつの行為である。日本軍には幾つかの特徴があった。私の見るところでは、政治学的な素養を一貫して無視し、つねに精神論が幅をきかせていた。たとえば、「軍人勅諭」を口にする軍人が前面にでて差配することが多くなった。その結果どうなったか。

防衛大教授の戸部良一ほか五人の政治・軍事の研究者たちが著した『失敗の本質　日本軍の組織論的研究』という書は一九九〇年代に刊行されて未だに売れているベストセラーといっていいのだが、ここで研究者たちは日本軍の特質を正確に記述している。

「日本軍は結果よりもプロセスや動機を評価した。個々の戦闘においても、戦闘結果よりはリーダーの意図とかやる気が評価された。このような志向が、作戦結果の客観的評価とその事実や経験の蓄積を制約し、官僚組織の中での下剋上を許していった。業績評価があいまいであることは、信賞必罰における合理主義を貫徹することを困難にする。情緒主義は信賞必罰のうちむしろ賞のみに汲々とし必罰を怠る傾向をもたらす」

このような組織上の欠陥をかかえていた日本の軍事組織は、「大本営発表」に望まれる、事実を正確に語るという姿勢に欠けていた。「作戦結果の客観的評価」よりはむしろ「作戦動機の主観的理解」が軸になっていたと私には思えるのである。それゆえに大本営発表は決して特異な例ではなく、日本軍の歪みそのものだったと私は結論づけるのである。

前述の『失敗の本質』のなかでもう一点、きわめて当然の分析も行っている。それは次のような表現で語られる事実である。

「日本軍はまた、余裕のない組織であった。走り続けて、大東亜戦争に入ってからは客観的にじっくり自己を見つめる余裕がなかったのかもしれない。物的資源と人的資源、たえず一本勝負の短期戦を強いられてきた。米海軍は、第一グループが艦上勤務、第二グループは基地で訓練、第三グループは休暇という三直制を採用できた。（中略）ガダルカナル戦では、海兵隊員が戦争のあい間にテニスをするのを見て辻政信は驚いたといわれている。彼らの戦い方には、なにか余裕があった」

こうした事実もまた日本軍の特徴であった。国力を正確に理解せずに、精神力がすべてに勝ると考えていたのである。常に緊張状態である戦時下という空間のなかで、「人間ではなくなること、つまり一個の精神力の塊になること」、それこそが日本軍の特徴でその枠からはみでることは許されなかった。

アッツ島玉砕にみる日本軍の欠陥

そうした目で大本営発表の内容を改めて検証したときに、そこには常に勝ちつづけている日本というイメージのみが強制されていることがわかる。プロセスや動機が至純で、しかもそれが直線的に行動に結びついていることのみが〈善〉であるような発想に捉われていた。

『失敗の本質』が指摘している日本軍の欠陥が、そのまま大本営発表に結びついているケースは、八百四十六回の「大本営発表」のなかには幾つもある。たとえば、昭和十八年五月のアッツ島玉砕などがその典型的な例である。太平洋戦争では十二回の玉砕があったといわれているが、このアッツ島玉砕が最初である。それだけに注目されるのだ。

アッツ島の戦闘に関する大本営発表は次の二回である。五月に入ってアリューシャン列島付近で帝国海軍部隊が「敵戦艦一隻、巡洋艦一隻を大破」といったような内容の発表が行われるが、直接にはアッツ島の戦闘にはふれていない。実際にアッツ島の戦闘と玉砕にふれたのは次の二つの「大本営発表」である。

（その一）

○大本営発表（昭和十八年五月十四日十六時）

五月十二日有力なる米軍部隊はアリューシャン列島「アッツ島」に上陸を開始せり、同島守備の我部隊はこれを邀撃し目下激戦中なり

（その二）

○大本営発表（昭和十八年五月三十日十七時）

一、「アッツ島」守備部隊は五月十二日以来極めて困難なる状況下に寡兵よく優勢なる敵に対し血戦継続中の処五月二十九日夜主力部隊に対し最後の鉄槌を下し皇軍の神髄を発揮せんと決意し全力を挙げて壮烈なる攻撃を敢行せり、爾後通信全く杜絶全員玉砕せるものと認む、傷病者にして攻撃に参加し得ざるものは之に先だち悉《ことごと》く自決せり、我が守備部隊は二千数百名にして部隊長は陸軍大佐山崎保代なり、敵は特種優秀装備の約二万にして五月二十八日までに与へたる損害六千を下らず

「讀賣報知」昭和18年５月31日付

二、「キスカ」島はこれを確保しあり

アッツ島とはどういう位置にあり、そこでどのような戦いが行われ、そして玉砕に追いこまれたのか、そのことを見ておきたい。二〇〇七年(平成十九年)九月に防衛省防衛研究所の主催による「太平洋戦争の新視点――戦争指導・軍政・捕虜――」というタイトルで日米の研究者が集まってシンポジウムが行われた。その折りに、私は『アッツ玉砕』に見る戦略思想」という演題で特別講演を行った。私はこのアリューシャン列島のひとつのアッツ島が南方要域に比べてあまりにも知られていないので、最初のこの玉砕の内実を大本営の無策の例として語りたかったのである。

その折りの記録をもとにしながら、この玉砕の背景にある思想が、この二つの大本営発表の問題点を浮きぼりにしているし、そしてそこに日本軍の体質が如実にあらわれていると思うのでなおのこと語っておかなければならないと考えたのだ。

アッツ島はアリューシャン列島の西端に位置し、東西約五十六キロ、南北約二十四キロの決して大きくはない島で、ほとんど人は住んでいないとされた。海岸の九五%は岩壁で平地はツンドラの湿地帯が続き、歩行も困難とされた。気候は常に霧が深く、冬は風が強い。ある資料によれば人が立つこともできないという。つまり、この地は

軍事的要塞として、対アメリカを意識する以外に戦略上の意味はない。なお大本営がこのアリューシャン列島の確保を企図したのは、昭和十七年四月十八日のドーリットル隊の東京爆撃を見て、この地からのアメリカ軍の攻撃を恐れたからだともいわれている。アッツ島、キスカ島の占領は、ミッドウェー作戦の失敗を補うかのように大きく報じられた。なお、このとき、アッツ島に上陸したのは北海支隊の千二百人であった。アメリカの反撃は特段にはなく、この島には守備隊などまったく存在していなかった。ときに偵察機が飛来して日本軍の上陸を確認するにとどまっている。アメリカ側の資料である『モリソン戦史』によれば、マーシャル参謀総長は、「日本軍の西部アリューシャン占領は戦略的には比較的重要性はないが心理的には重大な不安を生んだ。しかしながら、当時中部、南、及び西南太平洋において情勢を維持するために、船、飛行機、及び訓練された部隊の極度の欠乏のため、キスカ、アッツの奪回のための早急な作戦は行わない」と決めたという。

日本軍はアッツ島に航空基地を建設することにしたが、アッツ島には適当なところがなく、結局キスカに移動した。これが九月半ばのことだったが、しかし一カ月後にまたアッツ島の占領を行っている。キスカの西方アダック島にアメリカ軍の航空基地が完成しているとの報に接したからである。十月二十日の大陸命第七〇六号に基づき発せられた大陸指第一三二四号には、「要塞歩兵隊ノ歩兵ハ歩兵隊長ノ指揮スル歩兵二中隊基幹ノ部隊トシ、特ニ対空火器ヲ成ルヘク多ク携行セシムルモノトス」とあった。アッツ、キスカの守備隊を北海守備隊とし、アッツは第二地区と称することになった。この地区隊長に任命されたのが山崎保代大佐であった。これが十月下旬のことである。

アッツ島が再び重要な戦略拠点となったのは、この時期にガダルカナルで第二師団を増援しての総攻撃に失敗したことで、アメリカ軍の反攻が北東方面においても予想される状態になった。改めてキスカ、アッツの守備力を強固にすることにより、アメリカとソ連の軍事的提携を封殺することを目的としていたためであった。実際にこの方面へのアメリカ軍の動きも少しずつ激しくなってきていた。

北海守備隊の第二部隊であるアッツ守備隊は、独立歩兵三〇三大隊や北千島要塞歩兵隊のほか高射砲、工兵、無線などの部隊で編制され、その守備隊員は二千五百人となった。輸送が思うにまかせなかったが、この守備隊は必死に飛行場の建設にあたった。昭和十八年四月中旬には戦闘機が発着可能な程度の滑走路ができあがった。昭和十八年に入ってからは、アメリカ軍はキスカから百三十キロ東にあるアムチトカ島の基地を完成し、そこを拠点にアッツやキスカ周辺の海域にいる日本の輸送船への爆撃を続けていたのである。実際に、アメリカ軍の反攻はこのころになると態勢を整えていた。日本軍は制海権を喪失していたため、アッツの守備隊長山崎大佐が辛うじて潜水艦でアッツ島に入ったのは四月二十八日だったのである。

　こうした経緯を見ると、アッツ島守備の戦略的意味は二つであったことがわかる。ひとつは、全体の作戦のなかでミッドウェー作戦やガダルカナル作戦とのからみで練られたが、しかし実際には極めて曖昧な位置づけをされていたこと。そしてもうひとつは、アメリカとソ連の提携封殺という戦略的意図に具体的な確証がないのにその作戦を進めたことである。昭和十八年四月までの日本の軍事的実態は、必ずしもアメリカ軍との間に大きな差があったわけではないが、その戦略思想のなかに、方針の一貫しない大本営の体質が浮かび上がってくる。

　アッツ島へのアメリカ軍の本格的な上陸作戦が始まったのは、五月十二日である。山崎から北部軍に、「五月十二日未明、米空軍の猛烈なる爆撃開始され、次いで約一師団の地上部隊上陸、アッツ守備隊は既設陣地に拠り、この敵を反撃中」という連絡があった。この上陸作戦は、北部軍司令官樋口季一郎によれば予想より一カ月早かったという。飛行場は計画から見ればまだ三分の二しか完成していなかったのである。もし飛行部隊の一中隊でもそこに移駐していたならば、その戦闘は多少楽になったと思われるが、そうだとすればアメリカは空母群をもってきたであろうと樋口は言い、「優秀な敵に対する孤島の防禦戦は絶対の困難を伴う」とも述懐している。

樋口は、アメリカ軍の上陸地点に対して「逆上陸」をもって山崎守備隊を救援すべく決意する。旭川師団歩兵団長に混成旅団の即時編制を命じたうえで、自らの決心を大本営陸海軍部に伝えた。これに対して、参謀次長の秦彦三郎が直接札幌に来て、残存海軍の艦艇を見ると、北部軍の作戦指導を行うのは無理とその理由を説明した。樋口は、「落涙、この断に従う以外になかった」と記している。

実は樋口は、アッツ島にアメリカ軍が上陸したときに、近く混成旅団を救援に向わせるから、よろしくアッツ東部の拠点を確保するようにと守備部隊に激励していたのである。しかし、五月二十七、二十八日頃、樋口は、「中央決定の次第、またそれにより私の決心したるアッツ救援作戦は実行不可能になった。一死困難に殉ぜられたし」と打電している。山崎からは、「謹んで御意図に基づき行動する」と返電があった。ここに玉砕の方向が明確になったのである。

アッツ島の戦いは、守備隊からは五月二十九日（上陸から十八日目）に連絡が断たれた。樋口の回想記には、山崎から、「思い残す事はない。使用し得る兵力は百五十名、一団となって、全部隊残らず討ち死する決意である。私共は永遠の生命に安住する。祖国の栄光を祈る。天皇陛下万歳」との最後の通信があったという。
北部方面隊の前衛部隊も連合艦隊の機動部隊もこの方面の作戦を打ち切っている。参謀総長、陸軍大臣は北海守備隊司令官に電報を打っている。そこには次のような表現があった。

「本二十九日貴地区隊ノ奮戦状況更ニ上聞ニ達シ再ヒ優渥《ゆうあく》ナル　御言葉ヲ賜フ恐懼感激ニ堪ヘス　今ヤ最後ノ関頭ニ立チ毅然タル決意ト堂々タル部署ノ報ニ接シ合掌シテ感謝ス　直チニ上奏スヘシ　必スヤ諸氏ノ仇ヲ復シ屈敵ニ邁進セン　願クハ意ヲ安ンセラレ永ク北辺ノ守トシテ神鎮リマサンコトヲ」

また、侍従武官であった尾形健一中佐の日記には次のようにあるという。

「守備隊ハ昨夜敵集団ニ突入撃砕シ尽ク自決玉砕セリ　又攻撃発起前通信器暗号ヲ破壊シ傷病者ハ自決セリト　何タル悲愴ゾ　是ダケノ大戦争、二千位ノ犠牲ハ其ノ数ニ於テハ問題ニ非ス当然ナルモ事此ニ至リ何等援助支援救済ノ途ヲ講ズル事能ハズ　而モ最後ノ模様ヲ知ル由モナク又遺骨モ収集スルコト能ハズシテ之ヲ敵手ニ委セザルヲ得ザル実情ハ何トシテモ悲愴ナリ　指揮官トシテ死場所ヲ得タル部下ノ戦死ハ喜ンデ冥スベキモ最後ニハ其骨ヲ拾ッテヤリ度ハ部隊長ノ心情ナリ　此ノ点ハ従来ニ其ノ例ヲ見ズ『ガ』島ノ撤収又悲愴ナリシモ其骨ハ戦友ニ抱カレテ帰ルコトヲ得タルナリ」

アッツ島の日本軍守備部隊は確かによく戦った。兵力や物量は圧倒的に開きがあるにもかかわらず、その限界まで戦ったことになる。しかし日本軍に降伏はなかった。アメリカ軍は飛行機で投降を呼びかける多くのビラを撒いていたが、五月二十九日に山崎は存命の兵士とともに突撃している。アメリカ軍の資料には、山崎部隊の最後の突撃について、それを目撃した第一線中隊長であった中尉の話が紹介されている。

こうした玉砕の報は日本国内では戦時美談として、あるいは戦陣訓の範として讃えられた。山崎部隊を称賛する歌も作られ、国民の間に流行することになった。玉砕はこのアッツ島以後、数多く続いていくが、その先駆けとなるこの戦いは、太平洋戦争下での〈精神力〉のテストケースとなったのである。こうした背景を理解して、ふたつの「大本営発表」を読んでいくと、そこには「皇軍の神髄を発揮せんと決意し」という動機が強調されていることがわかるし、「傷病者にして攻撃に参加し得ざるものは之に先だち悉く自決せり」という結果がそれとなく強調されていることもわかる。

「玉砕のススメ」だった報道

この「大本営発表」のなかには、前述の日本軍の誤りがそのまま凝縮している。しかもこの発表を伝える新聞は、「アッツに続け」とばかりにこの玉砕こそ戦時下における日本人の模範であるとの紙面づくりを行った。まさに「玉砕のススメ」そのものであった。

しかもこの玉砕を賛える軍事歌謡などを通じ国をあげて玉砕に酔う空気がつくられた。そして、この部隊に応援を送ると約束していたにもかかわらず送らなかった北部軍や大本営、こうした作戦を何のために行うのかが曖昧であった大本営、そうした指揮官や参謀の責任が免罪されていったのである。

「大本営発表」では軍事組織の中心の指導層が巧みに責任のがれをしたという事実も忘れてはいけない。このことが現代社会にもつながっている重い教訓ではないかというのが、私の考えである。

この章の冒頭に掲げた三つの問いに対する答は、簡単にいえば（一）に対しては私たちは今も官製の発表報道に馴らされているという現実を指摘できると思うが、それは「大本営発表」の時代の国民（情報の受け手として）とさしてかわらないともいえるのではないだろうか。小泉首相時代の郵政民営化論争や靖国問題については、とくにそれが言えるだろう。

(二)については国民の意思が反映できない社会のもつ不幸を大本営発表は示しているが、このことは現行の「言論の自由」が保障されるシステムをとにかく守るというのが最低の約束事ということでもある。

(三)はアッツ島の玉砕を見ても、この戦略にかかわった大本営の参謀たちを含めて、戦争という時代のいびつな軍人像を代表しているだけで、日本人のモラルや考え方をそのまま代弁しているとは思えない。

そのような答をそれぞれが考えて血肉化することで、「大本営発表」システムの落とし穴から抜けでることができるのではないか。「大本営発表」は、国家の空間をある限られた情報で埋めつくし、それ以外の情報を認めないとの情報閉鎖空間の代名詞といっていい。その空間のなかでの戦争によって、私たちは「死」を強要されていった。それが大日本帝国下の戦時体制であった。

国民を考えさせない四つの枠組み

このことを踏まえて考えると、逆説的な言い方になるが、国民がものいわぬ状態になって、つまり思考というものをまったくもたなくなる状態をつくりだすには四つの枠組みの中に閉じこめてしまえばいいということがわかってくる。これが「大本営発表」を分析しての最大の教訓である。

四つの枠組みとは何か。それは次の四点である。

(一) 教育の国家統制
(二) 情報発信の一元化
(三) 暴力装置の発動
(四) 弾圧立法の徹底

この枠組みから抜けだそうとしたり、国家がつくりだすこういう枠組みに抵抗する者は、(五) 共同体から放逐されるか、(六) 生活権の収奪という報復を受ける。むろん刑務所での拘禁生活も覚悟しなければならない。

四つの枠組みについて大まかに説明すると、教育の国家統制は昭和八年から教科書の国定化がより偏狭な内容になり、国民は「臣民」として徹底した皇国史観を強要されていった。そして昭和十二年五月の文部省が編纂した『国体の本義』に示されたように、臣民には天皇への報恩が強要された。

情報発信の一元化とは、内閣情報局や陸海軍の報道部が発する情報のみを報道せよ、それ以外は認めないということだが、日中戦争後の昭和十三年四月に公布された国家総動員法は、一切の自由を認めないことでもあった。

この法律の第二十条には、「政府ハ戦時ニ際シ国家総動員上必要アルトキハ勅令ノ定ムル所ニ依リ新聞紙其ノ他ノ出版物ノ掲載ニ付制限又ハ禁止ヲ為スコトヲ得」とあるように、戦時下では自在に情報をコントロールできるとあった。

暴力装置の発動、とは政府に抗することとは右翼団体からのテロの危険、さらには特高警察の不当な逮捕や拷問を覚悟することだった。こうした暴力への脅えが、言論が多元化する状態にブレーキをかけた。

さらに、弾圧立法の徹底になるが、昭和十年代に入れば治安維持法は反政府的言動を一言でも吐いたら逮捕されるほどになる。あらゆる法律の運用は軍事主導体制に従属することになった。

もっともこうした囲いに抗した言論人がいなかったわけではない。信濃毎日新聞の論説委員の折りに、軍部の横暴を真っ向から批判した桐生悠々は、つまりはこの新聞社を軍部の圧力で辞めることになった。桐生は昭和十年前後からは名古屋に住み、個人誌『他山の石』を発行して反軍部の論陣を張った。

特高や憲兵に監視されての日々であった。
桐生が自らの『他山の石』に書いた原稿は大体が伏字になったが、それでも桐生は屈せずに原稿を書きつづけた。たとえば昭和十二年一月には、二・二六事件後の日本社会がおかしくなっていくのを批判して「不安なる昭和十二年」という稿を書いた。そこには、次のような一節があった。ここにあるのは軍事主導体制への移行を予知しての強い批判でもあった。

「『昭和』よ。お前はお前の祖先『明治』が生れたとき、どういう宣言をしたかを知っているだろう。その一は、明治天皇の五ケ条の御誓文であって、これは公民に知れ亘っているけれども、かほどに知れ亘っていない、というよりも、今公民のために殆ど忘れられている億兆安撫国威宣布の御宸翰《しんかん》、これが『明治』誕生の根本的原因を説明しているのだ。私たちは、この御宸翰を前号（註　第三年第二十四号）にも掲げ、また本号にも掲げているから、就いて一読、否、熟読せよ」

桐生は、こうした批判を軍部に浴びせつづけたが、昭和十六年九月にがんのために病死している。六十八歳であった。もし桐生があと三カ月余生きていたら、そして

「大本営発表」を耳にしたら彼は何と評したであろうか。ここまで国民を愚弄するのか、と声を荒らげて怒ったであろう。

「大本営発表」という教訓

大本営発表は、太平洋戦争の始まりとともに国民の耳目にふれ、そして昭和二十年八月十四日で、まとまりのない終わり方をしていた。これは戦争に伴う大本営の情報活動であった。くり返すがその内容は、当初は一定の枠内で正確であったにせよ、これもわずかの期間(三、四カ月間)にすぎず、やがて言葉の言いかえ、ごまかし、そして嘘になり、そのあとは沈黙の世界に入ってしまった。

このサイクルそのものが、前述の四つの枠組みのなかだったからこそくり返されたことがわかる。大本営発表を今や心地よく耳にしたとの世代は少なくなったが、しかし現代ではこの語にかわって煽動的で、国民の目をごまかせる話し方をする政治家が多いことには気づかなければならない。

大本営発表という語を今改めて、私たちは閉鎖空間での恐ろしい語であった、と確認しなければならない。その確認が教訓を見出していくときのスタート台に立つということだ。四つの枠組みができあがった社会、そしてその時代は、必然的に

「大本営発表」という報道がつくりだされるのだという怖さを知っておくべきなのである。

あとがき

昭和という時代にはあまりにも多くの教訓が詰まっている。特に太平洋戦争の教訓は次代に引き継がれていくことで生きてくる。もし教訓として受け止めなければ、あの戦争で逝った人たちに申し訳ないとの思いがする。同時にそのことは、あの戦争の指導部で国民の生命の尊厳など考えたことのない軍人や政治家の責任を問うことにもなる。

「大本営発表」という語を単に戦時指導者が国民に向けて嘘、偽りの戦果を流したと見るだけでは意味がない。この言葉には次の三点が内在していると考えなければならない。箇条書きにしておこう。

（1）国民を密室に閉じ込め、虚偽の情報を流すことで正常な判断を持つことを阻止した。

（2）官僚組織の疲弊と傲岸、そして日本史の中に歴史的大罪を犯した。

（3）戦争は政治の失敗という結果だが、その責任を国民に押し付けようとした。つまり天皇に偽りの情報を伝え、国民を欺き、そして日本の先達や後続の児孫たちを平然と侮辱したのである。こんなに重い罪があるだろうか。いやこういう罪を自覚していただろうか。戦争中だから機密が漏れるのを防ぐためにやむを得なかったという弁解を、軍人から聞いたことがあるのだが、そうであるなら全くの虚偽の戦果や情報を伝えるのはおかしい。虚偽の方が相手側にはこちらの弱みを教えることになるのではないか。相手側は日本にどれだけの損害を与えたかを知っているわけだから、大本営発表を傍受しながらその偽りを充分に知って、改めて作戦を立てていたに違いない。戦争末期の本土爆撃などはそうした例になるであろう。

本書で私が意図していたのは、近代日本の官僚組織は国民のことなど露ほども考えておらず、自分たちの責任逃ればかりを考えていた事実を知っておくべきだという点にある。加えてたとえ国民の生命が危機に瀕しても、彼らは自分たちの責任逃れに狂奔するとの性格を持っていることを確認しておきたい。このことを理解してもらうのが本書刊行の目的である。

本書はかつては講談社文庫に入っていたが、その後絶版になっていた。今回、私の意図を汲んでさらに継続して読者の目に触れることは望外の喜びである。

ぜひ教訓を確認して、現実を見るときの参考にして欲しいと思う。

新たにちくま文庫に収められるに当たって、誤字、脱字の訂正などは行ったが、基本的にはこれまでの刊行時のままである。

ちくま文庫収録に当たって、文庫編集部の青木真次氏に感謝したい。解説を書いていただいた望月衣塑子氏に謝意を表する。

二〇一九年（令和元年）一二月

保阪正康

解説　虚構空間を生みだすもの

望月衣塑子

大本営発表。この言葉を、私たちは政権を批判する記事のなかで比喩表現として用いることがある。おおむね、国家権力が「不都合な事実を国民に知らせないため」、あるいは「国民に信じさせたい情報を一方的に伝えるため」という明確な目的を持って、マスコミを利用しつつ戦略的におこなうもの、という趣旨で私も使っていたと思う。でも、本書を読むと、その解釈は大本営発表の一面でしかないことがわかる。「目から鱗」だった。

戦況の変化、陸軍と海軍の対立と打算、東條英機首相を中心とした国家指導者の政治的思惑など、様々な要因が絡み、太平洋戦争の開戦から終戦（昭和二〇年九月の降伏文書調印）までの三年九カ月の間に大きく変質している。筆者は太平洋戦争を「勝利」「挫折」「崩壊」「解体」「降伏」の五つのフェーズに分類・整理したうえで、この間におこなわれた大本営発表と米軍の記録、報道関係者の手記といった一次史料をもとに科学的に分析している。さらに発信側だけでなく、発表がどのように新聞報道に反映され、国民がどう受け止めたのか、当時の新聞記事や知識人・文筆家の手記などから立体的に検証している。

意外だったのは、開戦後から昭和一七年五月ごろまでの「勝利」期には、発表内容について正確さや客観性を重視していたことがうかがえる、ということだ。一方で、緒戦の海軍の派手な戦果に対抗して陸軍が発表を入れ込むなど、最初から内向きのロジックで動いていることも見てとれて興味深い。

本書の狙いは明確だ。「はじめに」のなかで筆者は、大本営発表の本質を理解するためには「あの戦争の性格や意味、それに当時の日本社会の戦争観や文明観の歪みが率直に反映しているとみるべき」と述べ、「かつて私たちの国の指導者が、いかにして嘘をつき責任逃れをしたか、言論人はいかに協力したか、そのことを歴史上の教訓として改めて学んでおきたい」としている。さらに、現在のマスコミにおける比喩的な使い方に対しては「〝いいかげんな責任逃れの情報発信〟という枠内でのみ、ひとり歩きしているのである。きわめて便宜的に用いられているといってもいい」と苦言を呈している。耳が痛い。

私は大本営発表とは、一貫して均質（あるいはワンパターン）で、敵国に手の内を明かさないように、国民の戦意をかきたてるように計算されたものだと思っていた。多分それは、いくつかの書物で断片的に読んだ際の印象が強かったからだろう。今でいえば、某国の国営放送のように、感情的で過剰な形容詞をごちゃごちゃと付けて「偉大な将軍様」をたたえ、ミサイルの発射や核実験について詳細は明かさず（時に失敗も「成功」として吹聴する）、偉業としてことさらに強調し、忠誠を求める――そんなイメージだ。でも考えてみれば、最初からそれほどわかりやすいものであれば、当時の日本の国民も言論人も冷ややかに受けとめていただろう。逮捕や処刑が怖くて、批判を口にしないだけだったとしても、だ。

気をつけなければならないと思ったのは「大本営発表は客観的な発表をしていた時期もあった」と一部だけみて評価したり、「非常時だから情報統制は仕方が無かった」などと時代のせいにしてしまったりすることだ。筆者はこう警告している。「ある毒舌で知られる評論家は、「戦時下（あるいは戦前）は暗黒社会だったという言い方をするが、それはまちがいだ。そこにはやはり今の時代とつながる人びとの生活があった」などといった論を吐いていたが、それは前提となっているこの空間の虚構性に気づかずに、その虚構性のなかにも日常性があったと語っているのにすぎないのだ」。加えて筆者は、この虚構性のからくりについて、東條首相の帝国議会の答弁を引き合いに「ある言語空間」の存在を指摘する。嘘を繰り返すことで不安を打ち消していた陸軍・海軍が連携し、つくりあげた「虚構空間」に国民を閉じ込めたままにしていたというのだ。

別の作品だが、その描写がうまいなと感心したのが、こうの史代さんの漫画『この世界の片隅に』だ。二〇一六年一一月には映画が公開され、大ヒットとなった。太平洋戦争の前から終戦直後までの、一人の普通の女性の生活が描かれている。出征した兄は南方で戦死。配給は滞り、空襲で大事な人を失い自分も大けがをする。だが、戦況悪化を嘆いたり、国への疑問や不満を語ったりするシーンは一切ない。日常をただ懸命に生きているだけだ。作品の最終盤、「最後の一人まで戦うはず」と思っていた主人公は、敗戦してはじめて国の作り上げた虚構に気づき、慟哭する。

この作品がリアルなのは、無意識のうちに日常が戦争に巻き込まれ、疑問を感じる余地がなかったことを描いている点だ。おそらく当時の国民（年代でいえば私たちの祖父母）の多くは、主人公と同じ感覚だったのではないか。自分の日常が、実は「虚構の水槽」のなかにあり、水槽が壊れるまでそれに気づかないというリアルな恐怖だ。

気づくのは難しい。硫黄島を失い、本土に米軍ビラが空襲を予告するようになるが、お上から「デマだ」と言われれば反証は難しいだろう。特に戦地で肉親を失った人にとっては敵軍の言い分を信じる心理にならない。本書によれば、このころ大本営発表が虚偽や誇張だと考えること自体、不謹慎に思える心理状況だったというのだからなおさらだ。

戦争も後半になると、発表の文面は形容詞を多用した誇張表現ばかりの空虚なものとなる。筆者が「嘘のスタート」と位置づけているのが、昭和一七年六月のミッドウェー海戦。次に昭和一八年二月のガダルカナル島撤退の発表だ。敗退して島を放棄して撤退したのに、それを「転進」と表現した。さすがに陸軍の中でも「ごまかしではないか」という声があがったほどだという。

緒戦では客観的な情報が提供され、報道関係者をも熱狂させる戦果だったがゆえに、その後も日本が勝ち続けるという「願望」に沿った内容に変容する。すると、そもそも軍に不都合な情報が前線からあがらなくなり、誤った情報を元に作戦が立てられて失敗する。悪循環である。筆者はこのごまかしの動機を「連戦連勝、皇軍不敗の〝神話〟をなんとしても堅持したかったのであろう」と推測し、その後の主観的な独善に堕していく大本営発表の行く末を語っていると述べている。主観的な願望を、客観的事実にすり替えてしまうという心理構造だ。

これは現在のどの国の政治にもあてはまる現在進行中の危機だ。トランプ米大統領は自身に批判的な記事を「フェイクニュース」と決めつけ、あとから主張の根拠が崩れると、今度は「オルタナティブファクト」だと居直り、決して過ちを認めない。今の日本の状況もひどい。財務省は決裁文書を国会答弁にあわせて改ざんし、「総理のご意向があった」と書かれた文書は「怪文書」と決めつけ、防衛相が「ない」と答弁したイラク派遣の自衛隊日報は存在が隠された。客観的な情報が、時の権力者の望む形にすり替えられていく。今の役人がやっていることは、戦前・戦中の軍部と何ら変わらない。

私たちマスコミは自分の役割を果たせているだろうか。筆者は「君たちは大本営発表の怖さを、きちんと理解しているのか」と自戒を促している。軍事指導層と報道関係者が一体となり、国民を「囲い」込んだ過ちを教訓とすべきなのだ。今は国家総動員法もない。検閲もない。だが「空気」を読んで忖度し、萎縮と自粛がまん延している。かつてのように、国民の思考を閉じ込める枠組み作りに加担してはならない。

（もちづき・いそこ　東京新聞記者）

本書は光文社新書から刊行された『大本営発表は生きている』
（二〇〇四年四月）を改題し、大幅に改訂した、講談社文庫
『大本営発表という権力』をさらに改題したものです。

世界がわかる宗教社会学入門　橋爪大三郎

宗教なんてうさんくさい!? でも宗教は文化や価値観の骨格であり、それゆえ紛争のタネにもなる。世界宗教のエッセンスがわかる充実の入門書。

禅　鈴木大拙　工藤澄子訳

禅とは何か。また禅の現代的意義とは？ 世界的な関心の中で見なおされる禅について、その真諦を解き明かす。（秋月龍珉）

禅談　澤木興道

「絶対のめでたさ」とは何か。「自己に親しむ」とはどういうことか。俗に媚びず、語り口はあくまで平易。厳しい実践に裏打ちされた迫力の説法。

仏教百話　増谷文雄

仏教の根本精神を究めるには、ブッダに帰らねばならない。ブッダ生涯の言行を一話完結形式で、わかりやすく説いた入門書。

語る禅僧　南直哉

自身の生き難さと対峙し、自身の思考を深め、今と切り結ぶ言葉を紡ぎだす。永平寺修行のなかから語られる「宗教」と「人間」とは。（宮崎哲弥）

仏教のこころ　五木寛之

人々が仏教に求めているものとは何か、仏教はそれにどう答えてくれるのか。著者の考えをまとめた文章に、河合隼雄、玄侑宗久との対談を加えた一冊。

論語　桑原武夫

古くから日本人に親しまれてきた「論語」。著者は、自身との深いかかわりに触れながら、人生の指針としての「論語」を甦らせる。（河合隼雄）

つぎはぎ仏教入門　呉智英

知ってるようで知らない仏教の、その歴史から思想的な核心までを、この上なく明快に説く。現代人のための最良の入門書。二篇の補論を新たに収録！

タオ——老子　加島祥造

さりげない詩句で語られる宇宙の神秘と人間の生きるべき大道とは？ 時空を超えて新たに甦る『老子道徳経』全81章の全訳創造詩。待望の文庫版！

よいこの君主論　架神恭介　辰巳一世

戦略論の古典的名著、マキャベリの『君主論』が、小学校のクラス制覇を題材に楽しく学べます。学校、職場、国家の覇権争いに最適のマニュアル。

明治国家のこと　司馬遼太郎　関川夏央編

司馬さんにとって「明治国家」とは何だったのか。西郷と大久保の対立から日露戦争まで、明治の日本人への愛情と鋭い批評眼が交差する18篇を収録。

方丈記私記　堀田善衞

中世の酷薄な世相を覚めた眼で見続けた鴨長明。その人間像を自己の戦争体験に照らして語りつつ現代日本文化の深層をつく。巻末対談＝五木寛之

東條英機と天皇の時代　保阪正康

日本の現代史上、避けて通ることのできない存在である東條英機。軍人から戦争指導者へ、そして極東裁判に至る生涯を通して、昭和期日本の実像に迫る。

戦中派虫けら日記　山田風太郎

〈嘘はつくまい。嘘の日記は無意味である〉。戦時下、明日の希望もなく、心身ともに飢餓状態にあった若き風太郎の心の叫び。（久世光彦）

責任 ラバウルの将軍今村均　角田房子

ラバウルの軍司令官・今村均。軍部内の複雑な関係、戦地、そして戦犯としての服役。戦争の時代を生きた人間の苦悩を描き出す。（保阪正康）

広島第二県女二年西組　関千枝子

8月6日、級友たちは勤労動員先で被爆した。突然に逝った39名それぞれの足跡をたどり、彼女らの生を鮮やかに切り取った鎮魂の書。（山中恒）

劇画 **近藤勇**　水木しげる

明治期を目前に武州多摩の小倅から身を起こし、ついに新選組隊長となった近藤。だがもしかしたら多摩で芋作りをしていた方が幸せだったのでは？

水木しげるのラバウル戦記　水木しげる

太平洋戦争の激戦地ラバウル。その戦闘に一兵卒として送り込まれ、九死に一生をえた作者が、体験が鮮明な時期に描いた絵物語風の戦記。

昭和史探索（全6巻）　半藤一利編著

名著『昭和史』の著者が第一級の史料を厳選、抜粋。時々の情勢や空気を一年ごとに分析し、書き下ろしの解説を付す。《昭和》を深く探る待望のシリーズ。

夕陽妄語1（全3巻）　加藤周一

高い見識に裏打ちされた時評は時代を越えて普遍性を持つ。政治から文化まで、二〇世紀後半からの四半世紀を、加藤周一はどう見たか。（成田龍一）

品切れの際はご容赦ください

誘拐　本田靖春
戦後最大の誘拐事件。残された被害者家族の絶望、犯人を生んだ貧困、刑事達の執念を描くノンフィクションの金字塔！（佐野眞一）

疵　本田靖春
戦後の渋谷を制覇したインテリヤクザ安藤組の大幹部、力道山よりも喧嘩が強いといわれた男……。伝説に彩られた男の実像を追う。（野村進）

宮本常一が見た日本　佐野眞一
戦前から高度経済成長期にかけて日本中を歩き、人々の生活を記録した民俗学者、宮本常一。そのまなざしと思想、行動を追う。（橋口譲二）

新 忘れられた日本人　佐野眞一
佐野眞一がその数十年におよぶ取材で出会った、無私の人、悪党、そして怪人たち。時代の波間に消えて行った忘れえぬ人々を描き出す。（後藤正治）

占領下日本（上・下）　半藤一利／竹内修司／保阪正康／松本健一
1945年からの7年間日本は「占領下」にあった。この時代を問うことは、戦後日本を問い直すことである。多様な観点と仮説から再検証する昭和史。

現人神の創作者たち（上・下）　山本七平
日本を破滅の戦争に引きずり込んだ呪縛の正体とは何か。幕府の正統性を証明しようとして、逆に「尊皇思想」が成立する過程を描く。（山本良樹）

東京の戦争　吉村昭
東京初空襲の米軍機に遭遇した話、寄席に通った話。少年の目に映った戦時下・戦後の庶民生活を活き活きと描く珠玉の回想記。（小林信彦）

ワケありな国境　武田知弘
メキシコ政府発行の「アメリカへ安全に密入国するための公式ガイド」があるってほんと⁉　国境にまつわる60の話題で知る世界の今。

週刊誌風雲録　高橋呉郎
昭和中頃、部数争いにしのぎを削った編集者・トップ屋たちの群像。週刊誌が一番熱かった時代を貴重な証言とゴシップたっぷりで描く。（中田建夫）

増補版 ドキュメント 死刑囚　篠田博之
幼女連続殺害事件の宮﨑勤、奈良女児殺害事件の小林薫、附属池田小事件の宅間守、土浦無差別殺傷事件の金川真大……モンスターたちの素顔にせまる。

田中清玄自伝　田中清玄　大須賀瑞夫

戦前は武装共産党の指導者、戦後は国際石油戦争に関わるなど、激動の昭和を侍の末裔として多彩な人脈を操りながら駆け抜けた男の「夢と真実」。

権力の館を歩く　御厨貴

歴代首相や有力政治家の私邸、首相官邸、官庁、政党本部ビルなどを訪ね歩き、その建築空間を分析。権力者たちの素顔と、建物に秘められた真実に迫る。

タクシードライバー日誌　梁《ヤン》石日《ソギル》

座席でとんでもないことをする客、変な女、突然の大事故。仲間たちと客たちを通して現代の縮図を描く異色ドキュメント。（崔洋一）

新版 女興行師 吉本せい　矢野誠一

大正以降、大阪演芸界を席巻した名プロデューサーにして吉本興業の創立者。NHK朝ドラ『わろてんか』のモデルとなった吉本せいの生涯を描く。

ぼくの東京全集　小沢信男

小説、紀行文、エッセイ、評伝、俳句……作家は、その町を一途に書いてきた。『東京骨灰紀行』など65年間の作品から選んだ集大成の一冊。（池内紀）

吉原はこんな所でございました　福田利子

三歳で吉原・松葉屋の養女になった少女の半生を通して語られる、遊廓「吉原」の情緒と華やぎ、そして盛衰の記録。（阿木翁助　猿若清三郎）

ちろりん村顛末記　広岡敬一

トルコ風呂と呼ばれていた特殊浴場を描く伝説のノンフィクション。働く男女の素顔と人生、営業システム、歴史などを記した貴重な記録。（本橋信宏）

ぐろぐろ　松沢呉一

不快とは、下品とは、タブーとは。非常識って何だ。公序良俗を叫び他人の自由を奪う偽善者どもに〝闘うエロライター〟が鉄槌を下す。

独特老人　後藤繁雄編著

埴谷雄高、山田風太郎、中村真一郎、淀川長治、水木しげる、吉本隆明、鶴見俊輔……独特の個性を放つ思想家28人の貴重なインタビュー集。

呑めば、都　マイク・モラスキー

赤羽、立石、西荻窪……ハシゴ酒から見えてくるのは、その街の歴史。古きよき居酒屋を通して戦後東京の変遷に思いを馳せた、情熱あふれる体験記。

ちくま文庫

大本営発表《だいほんえいはっぴょう》という虚構《きょこう》

二〇一九年十二月十日　第一刷発行

著　者　保阪正康（ほさか・まさやす）

発行者　喜入冬子

発行所　株式会社　筑摩書房
東京都台東区蔵前二―五―三　〒一一一―八七五五
電話番号　〇三―五六八七―二六〇一（代表）

装幀者　安野光雅

印刷所　星野精版印刷株式会社

製本所　株式会社積信堂

ISBN978-4-480-43637-5 C0131